華爾街傳奇基金經理人

肯恩·費雪
教你破除50個投資迷思

DEBUNKERY

Learn It, Do It, and Profit from It-Seeing Through
Wall Street's Money-Killing Myths

Ken Fisher
Lara Hoffmans

肯恩·費雪、菈菈·霍夫曼斯———著

許瑞宋———譯

Contents 目錄

第三部　要命的「普通常識」 ⋯⋯ 177

破除不自覺陷入的投資迷思

綠角

　　《華爾街傳奇基金經理人肯恩・費雪，教你破除50個投資迷思》一書列出常見的投資迷思與破解之道，對提升投資能力來說，非常有幫助。

　　譬如市場的平均報酬。許多人會覺得：「這很基本啊，我怎麼會不懂年化報酬呢？」

　　但不少投資人，瞭解得可能不夠徹底。

　　作者強調，長期年化報酬是包括空頭市場的。

　　這是什麼意思？

　　譬如台灣股市從1970年初到2021年底，在這52年間平均有10.3％的年化報酬。而這是包括歷經1974年超過60％的大跌、2008年超過40％的大跌，以及在此期間許多幅度比較小的下跌年度。縱使這些下跌全沒有躲過，平均仍有10％的年化報酬。

很多人誤以為一定要參與上漲、躲過下跌，才會獲得不錯的報酬。其實這種包括空頭，仍有10%年化報酬的成果，是代表市場每每在大跌後，不僅會以更大的漲幅把下跌彌補過來，且之後還會帶來更進一步的成長。

很多人可以理解股市有重挫的可能，卻忽略了市場有更大的上漲潛能，結果產生過度擔心下跌的心理偏誤，以為一定要避開下跌，挑對時間參與市場，才會有好的成果。然而，最後結果常是在上漲時參與不足，下跌時也沒躲過，適得其反。

對於年化報酬的另一個誤解，就是以為可以年復一年地達成10%的報酬。但這是不可能的。

單一年度的報酬，常是大幅偏離平均的數字，譬如一年跌20%，或是一年漲30%。

假如你看到有人宣稱從事風險投資，可以沒有波動，每一年拿到9%、10%的穩定報酬，千萬不要以為自己遇到投資天才。你遇到的，比較可能是美國史上最大金融騙局主謀馬多夫的傳人。

作者提到的另一個迷思，就是很多人以為從事指數化投資很簡單。乍看的確如此，買進後就一直持有即可，這誰辦不到呢？

問題是，大多數人的確辦不到，因為這是對個人心性的

嚴格考驗。

90年代初期，原本用標準普爾500指數進行指數化投資的人，到了1995年看到科技類股大漲，就覺得換成納斯達克100指數（NASDAQ 100）比較好，結果反而參與到科技類股的暴漲與之後的泡沫破滅。

2003年之後，投資人認為投資美國已經過時，反而覺得對新興市場從事指數化投資比較好。但近幾年，投資人又紛紛放棄新興市場，重回美股懷抱。

投資人總是想著追逐下一個表現最好的市場。不管是指數化投資還是主動投資，都可能落入這個陷阱。

單純執行大範圍的指數化投資，年復一年，長期如此，難度很高。

把指數化投資看得太容易的心態，也常見於各個投資流派。不論是存股大師、量化高手、財務分析專家，他們常把「對於新手，我一律建議指數化投資。」這句話掛在嘴上，好像這是最基本的投資招式，不需學習，只要一接觸就可使用。

但他們都忽略了從事指數化投資，其實需要吸收大量知識為基礎，與具備高度穩定、不隨市場起伏的心性；而後者，更是許多投資人難以達到的境界。

此書還有許多有趣的論述，譬如值此COVID-19疫情之際，而剛好得以驗證的以為「疫情會害股市病懨懨」的迷

思，以及令許多人深陷其中的「我需要股息支付開銷」「掩護性買權是好東西」的迷思。

　　對於想要破除自身投資迷思的朋友，這本書，是不可或缺的讀物。

　　（本文作者為財經作家。）

前言
輕鬆學破謬

什麼是「破謬」（debunkery）？這是一個「討厭的組合詞」。數十年前，我太太開始將我杜撰的、大致可理解的詞，稱為討厭的組合詞。而「破謬」這個詞，我希望各位能直覺地解讀為「破除謬論、拆穿迷思」。

我希望大家將破謬當成一種遊戲。別誤會，我不是叫你別把它當回事。本書講的是資本市場、投資及金錢，都是嚴肅的題材，但遊戲是我們的學習方式之一，而「破謬」──尤其是破除投資謬論──是必須專心投入、經常練習的遊戲。可以的話，為什麼不在此過程中享受點樂趣呢？本書講「破謬」，是指發掘真相，或至少推翻常見及通常有害的市場謬論、迷思及誤解──它們害慘了許多投資人。

進一步說明「破謬」之前，我想指出，本書並非要提供一個如何打敗大盤的理論體系，或者一條能超越大盤的公式，甚至不會明確告訴你如何投資。如果你想看一本有關整

體投資策略的嚴肅入門書，我建議你參考我先前的幾本著作。本書目的是告訴你如何藉由「破謬」，提升投資成功機率，少犯一些錯誤。

本書可以跟我2006年的著作《投資最重要的3個問題》搭配著看，你可以在本書中看到有關前作三個問題的更多例子。你也可以把本書當作一本入門指南，教你如何在適當時候，（正確地）顛覆傳統觀念。

$ 盡可能降低錯誤率

投資成功的大部分因素，不外乎是規避多數人不斷重複的常見錯誤──這是本書的焦點。多數人打從心底無法接受投資涉及「不確定性」這件事，但資本市場實在太複雜了，投資不可能樣樣事情都是確定的。投資講求可能性或機率，一如醫療、工程及大多數的學科領域；我們接受醫療之前，都會先了解藥物及手術的風險。沒有萬無一失這種事，沒有人能保證結果。但是，出於某些原因，許多投資人卻要求投資不能涉及任何不確定性，而這將導致嚴重的錯誤。

所有投資人都會犯錯，即便是頂尖投資人，也會一再犯錯。我也犯過許多錯誤，有些還很嚴重！我可以保證，未來我還會繼續犯錯。如果你認為自己未來再也不會犯錯，那麼你錯了；如果你認為自己不曾犯錯，你要嘛是沒做過多少

事，要嘛就是自欺欺人。我父親十分欽佩陶氏化學（Dow Chemical，美國最大的化學公司）的創始人赫伯特・亨利・道（Herbert H. Dow），他有一句名言：「永遠不要提拔不曾犯過大錯的人，因為這種人一定沒做過多少事。」這道理同樣適用於投資。頂尖投資人——包括已位居頂峰很久的高手——同樣會犯許多錯誤。長期從事投資的人，決策正確率幾乎不可能高於70％。如果多年下來，你的投資決策有接近70％是正確的，你將成為投資界的傳奇。許多人認為巴菲特是歷來最優秀的投資人，但連他也曾犯過一些著名的錯誤（我這麼說完全沒有批評他的意思）。所有人都會犯錯。投資人的目標不是絕不犯錯，而是長期而言，做對決定多過犯錯。

絕大多數投資人是做錯多過做對，因此他們的投資績效才會不如大盤。如果你能做對決定多過犯錯，你將成為少數能打敗大盤的業餘或專業投資人。所以，降低錯誤率是一個值得努力的目標。

如果你能接受自己會犯錯，而且會犯很多錯，你將會是一名心態調整得比較好的投資人（而且你的伴侶也會更喜歡你）。如果你還能努力降低自己的錯誤率，你的心態不僅能調整得比較好，未來的投資績效很可能也將顯著改善——比多數人好得多！本書正是希望在這方面助你一臂之力，扭轉那些可能導致嚴重投資錯誤的謬論。只要了解這些投資迷

思，你便能學會避免這種錯誤。不過更重要的是，在此過程中，我希望你能發現「破謬」是十分有趣的事，進而學會應用相關技術，破除更多謬論。

$\$$ 錯得離譜

許多人很難相信，大量投資人——無論是專業人士、評論名嘴、學術界教授，又或是經驗豐富的散戶，都常常抱持一些完全錯誤的觀點。而且，他們基本上將一直如此，不斷、不斷地重複那些愚蠢的錯誤。

但你知道我說的是事實。如果不是這樣，為什麼會有那麼多專業投資人無法打敗大盤？並不是因為他們智商太低，他們的智商不低（多數比我聰明；當然，比我聰明的人太多了）。在這些表現不如大盤的投資人中，為什麼會有那麼多人做得那麼極端？為什麼常常會有很多人蜂擁投入「熱門」領域，卻只來得及看著它們變冷，而且還一再重蹈覆轍？為什麼他們會白白錯過市場從谷底反彈的大多頭走勢，一心等待永不來臨的「更強」走勢？

或許你覺得自己並未抱持錯誤的觀點，而且投資表現非常好，表現差的是其他人。很好！（不過，記住：高估自己的投資技術是常見的認知錯誤）。但即使你已經是非常優秀的投資人，你仍可受惠於降低錯誤率，所有人皆可因此獲

益。我今年72歲，但我仍在努力降低錯誤率。容我再講一次。我是少數能長期打敗大盤的投資人之一，[1] 經營一家掌管320億美元資產[2]的投資公司，迄今已為《富比士》雜誌撰寫「投資組合策略」專欄26年之久，出過11本書（包括這一本），當中4本登上紐約時報暢銷書榜；而且，我未來的職業生涯，肯定遠比我已度過的短，但我仍在努力學習降低自己的錯誤率，因為這是投資人能做的、真正能改善投資績效的少數事情之一。

那麼，為什麼人們的投資觀念會錯得這麼離譜，導致失誤連連？很大一部分原因，是人腦並未根據資本市場的要求而演化。「常識」與直覺在人類生活的許多領域非常重要（往往是不可或缺），但應用在投資上，卻經常令人損失慘重。我們還因為偏見、意識形態及各種認知錯誤（本書將加以剖析）而變得盲目。行為財務學，一門逐漸成熟的學科，研究我們承傳自祖先的腦袋如何令我們在投資上常常犯錯。

另一個問題，是規律有時會改變。有些規律以前有效，現在則已過時，有些則是僅在某些情況下有效。為什麼呢？

1　我公司的Fisher Investments Private Client Group全球總報酬（Global Total Return）策略1995年1月1日投入運作，以摩根士丹利資本國際公司（MSCI）世界股價指數為參照基準。從開始運作至2009年12月31日，該策略的報酬率（已扣除顧問費、佣金及其他費用，並反映股息及其他收益之再投資）超過MSCI世界指數及標準普爾500指數。附帶一提，歷史績效並非未來報酬的保證。股票投資有虧損的風險。

2　截至2010年6月30日。目前該公司掌管資產超過1650億美元。

股市能有效消化公開的資訊，但人卻沒那麼容易改變想法，尤其是如果許多聰明人長期相信這種想法的話。而且，某條規律看似有效越久，相信它的人就越難想像該規律可能會失效。

千萬不要無條件地相信任何東西。例如數十年前，資料難得，而且成本不菲。若投資人能藉某些方法取得關鍵資料，往往能占得很大優勢。現在，任何人無論身處何地，均能隨時取得上市公司的盈利、資產負債表，以及股票評價等資料；資訊之多，已超越多數人的處理能力。

我的第一本著作《超級強勢股》（Super Stocks），是講如何藉由分析「股價營收比」（price-to-sales ratio）去尋找股價遭大幅低估的個股。這在出版當年（1984年）是新概念，人們還不了解其中道理。我的方法十分有效！但只維持了一段時間。股價營收比的概念逐漸廣為人知，而且數據越來越容易取得（當年我必須付錢取得資料，然後自己計算該比率）。今天，你能在網路上免費找到所有上市公司的股價營收比。因此，這比率一度擁有的預測能力，如今已大致喪失。某些時候它依然能幫助你，但你必須知道是哪些時候（我在《投資最重要的3個問題》中討論了這問題）。因此，你不能指望曾經有效的規律，會一直有效下去。當前的股價反映哪些因素，總是在改變。

投資人犯錯的另一個原因，是金融業者有時會向投資人

推銷一些他們其實不需要的商品。為什麼呢？因為可以帶來豐厚收入的商品，業者自然會努力推銷。停損（迷思12）、掩護性買權（迷思13）、定期定額法（迷思14）、變額年金（迷思15）及股價指數年金（迷思16），均以幫助投資人降低風險為賣點。但如你將看到，實際應用起來，它們可能大大增加你的風險。不過，它們肯定也增加了業者的佣金收入，這是毫無疑問的。我將直言不諱地告訴你這一切。

⑤ 破謬入門

　　關於投資，有句老話數十年來因為巴菲特而再度流行：「別人恐懼時我貪婪，別人貪婪時我恐懼。」這的確是金玉良言，市場情緒處於極端狀態時尤其適用。但是，在恐懼與貪婪這兩個極端之間，市場情緒常處於令人無所適從的狀態。如果貪婪與恐懼的人各半，又如何呢？你相信哪一半？為什麼？你可能會跟隨其中一派，但你選擇正確的可能性有多大？這要如何測量？在這種時候，你正需要藉由「破謬」以驅散迷霧。

　　一旦你接受兩件事：（1）人們普遍接受的投資智慧大多並不明智；（2）無論如何你還是會犯錯，但可以致力降低錯誤率，藉此改善投資績效——那麼，「破謬」實際做起來是很容易的。真的很簡單！要破除迷思，你可以這麼做：

- **找到適當的尺度**。數字太大總叫人害怕！這是因為我們仍在演化的頭腦，有一部分仍停留在石器時代。但如果你能找到適當的尺度去衡量大數字，它們不僅不再嚇人，還可能變得十分可愛。

- **反直覺思考**。投資時不要仰賴常識指引方向，要懂得反直覺思考。

- **檢視歷史**。你不斷聽到媒體上出現這種話：「XYZ發生了，這很糟糕」，或是「ABC這種事真好！」但真有證據顯示，XYZ歷來就是產生壞結果，ABC產生好結果嗎？這通常不難查證，但很少人會想這麼做。倘若某件事過去並未可靠地產生期望中的結果，認為「這次不一樣」的人，必須提出有力的根據。不過他們通常做不到。

- **放眼全球**。投資人如果不考慮本國以外的東西，世界觀就可能會驚人地扭曲。如果你能放眼全球，許多誤解將消失。「跳出固有的思考框框」固然重要，「跳出本國思考」對投資人尤其重要。

- **自行檢查數據**。這跟檢視歷史類似。現在許多歷史數據可以免費找到，因此你可以自行檢查幾乎任何數據。

- **檢驗相關性**。學會使用Excel。如果有人說X導致Y，你可以自行檢驗事實是否如此。多數人相信X導致Y時，

事實往往並非如此。X可能並不導致任何東西，也可能導致完全不同的東西，例如Q！

- **如果多數人相信某件事，質疑它。**常識可能是迷思。如果所有人都說某東西是壞事，要有勇氣問：「萬一是好事呢？」然後檢查歷史數據，檢驗相關性（當然也可以反過來：檢驗一下大家都說是好事的東西，會不會其實是壞事）。

- **用「四格法」檢查結果。**我會告訴你怎麼做。例如，常有人說，1月分股市若下跌，代表整年將下跌。你可以檢查歷史數據，統計四種可能情況（1月跌整年跌、跌漲、漲漲，及漲跌）出現的頻率，看看這說法是否站得住腳（我們將在迷思24及其他地方示範這做法）。

我將在本書中示範如何應用上述技術（當然還有更多）。有時你只需要一招就能「破謬」，有時則需要多招並用。不過，你最好學會全部招式。好好練習！將它們靈活應用在各種投資觀念上。又或者試著用它們來駁斥我在本書提出的觀念，那會是很好的練習。

$ 顛覆傳統觀念

　　年輕時，我想成為一名林務員，因此到森林學校上學。那時，老師說，我心愛的紅杉夏天需要沐浴在霧氣中，這樣才能透過毬果繁殖（這是真的）。大家假定霧越多越好，以為這是一種線性關係。這觀念跟眾所皆知的一個現象有關：最高大的紅杉集中在加州海岸山脈的北部，那裡霧最濃。這成了一種常識。近幾年來，我的友人史蒂夫・謝雷特（Steve Sillett）證明，這說法某種程度上是對的。他是頂尖的紅杉專家，任教於加州洪堡州立大學（Humboldt State University）。然而謝雷特證明，超過某程度後，太多霧反而不利紅杉繁殖，此時更重要的是陽光。這是近幾年的研究發現，顛覆了近百年的傳統觀念。

　　投資也應當如此：尋找可以質疑的事，說不定你就這樣顛覆了一些傳統觀念；結果可能令你不安，也可能帶給你許多樂趣。

　　注意：你不必相信我在本書講的任何事。完全不必！畢竟我才跟你說，不要無條件相信任何事。因此，你也不必無條件相信我的話。不過，你可以不接受我的觀點，但不要只是說：「這很蠢！我不信！」如果你這麼做，你只是在利用自己的直覺或常識，而這種行為會被股市──別名「大羞辱者」──修理得很慘。如果不接受我的觀點，你應該應用我

教你的統計與分析方法，證明你對我錯。這是很值得做的。而且，我將在本書中提出許多有力的觀點，所以若能駁倒我的說法，可帶給你很大的好處和樂趣。

此外，記住，因為資本市場無比複雜，事情未必總是按你認定的方式運作——即使你已成功破除一些市場迷思。別忘了，投資是講求可能性或機率的，沒有必然的事。低機率的事不常發生，但偶爾還是會發生——擲硬幣是有可能連續100次擲出正面的，確實會有這種事。但這不代表你應押注將連續出現100次正面，畢竟可能性極低！不過，若碰到意想不到的事時，你應振作精神，吸取教訓，然後繼續上路。

⑤ 檢視謬論

和我早期兩本著作——1987年的《華爾街的華爾茲》（*The Wall Street Waltz*），以及1993年的《榮光與原罪——影響美國金融市場的100個人》（*100 Minds That Made the Market*）一樣，本書是可以一篇篇分開看的，看多少隨讀者高興，而且不必按照一定的次序，完全可以跳著看！隨便從哪裡開始都可以。有些章節互有關聯，對某些問題提供進一步的背景資料，這種情況我在書中會一一指出。本書的設計，是提供讀者馬上可以應用的短篇幅投資經驗。當然，你也可以花幾個小時，一氣呵成地看完。

你會發現，本書駁斥的迷思分以下五類：

1. **害你賠大錢的基本迷思**：它們是對資本市場和資本體制基本法則最大、最基本的誤解。建議你從這裡看起，如果不想看其他章節，也盡可能看完這部分。
2. **華爾街「偽智慧」**：金融業的運作方式，有時會促使你失敗。看穿此類迷思，有助你分辨什麼是真正的傳統，什麼是昂貴的慣例（儘管整體而言害處不大），什麼是非常致命的迷思。
3. **要命的「普通常識」**：經驗法則及其他「民間智慧」或許能令人安心，但不代表它們是對的。當中有許多迷思，但幾乎所有人都以為是真知灼見。
4. **歷史教訓**：許多有害的迷思一直存在，因為絕大多數人不會以歷史數據，檢驗自己相信的東西。
5. **美麗大世界**：人們因為未能放眼全球，結果一直相信許多迷思。培養自己的全球視野，你就能不受此類迷思傷害。

在以上每一部分，你將應用所有的標準「破謬」技術，以及我將在書中介紹的更多工具。但本書並非涵蓋所有的市場迷思，我也無意這麼做。有關市場迷思和謬論，我可以寫10冊百科全書，但即使如此也只是觸及皮毛而已。不過，沒

有出版社願意出一本2000頁的書，而以本書短短的篇幅，你就已經能夠掌握自行「破謬」的方法了──這是我能送給各位的最珍貴的禮物。

本書破除的迷思，是我近年最常遇到的：從電視上聽到、從新聞標題中看到、從客戶或《富比世》讀者處聽到，以及跟同業聊天時聽到。因此，我覺得它們是你眼下以及未來一段時間最常碰到的。當中有些歷史悠久，有些較新，有些則跟當下（及未來）特別有關。

有些迷思時冷時熱。你可能多年不見有人抱怨貿易逆差太大，然後這種恐懼忽然重現（迷思48）。有些恐懼則不時反轉──大家有時擔心美元太弱，有時又擔心美元太強，就像美元匯價有某種完美狀態似的（事實上是沒有，或至少在我執筆本書時看不出來有。見迷思27）。因此，本書既是破除投資迷思的指南，也是學習「破謬」技術的參考書，且終身受用。

書中所提到的迷思，也許你自己原本就不太相信多少個，但本書仍十分有用，因為這些迷思是多數投資人相信的──至少我認為是這樣。如果你的投資觀念比多數人正確，將能帶給你極大的力量。

是時候開始「破謬」了。我希望你喜歡這本書，也希望你享受這場很困難但很有益的投資遊戲。如果你能藉由「破謬」，掌握正確的投資觀念，這遊戲就更有趣了。

第一部

害你賠大錢的基本迷思

投資人長期而言未能獲得期望的報酬，是有很多原因的。人們往往對「打敗大盤」有一種浪漫的想法。這是一個崇高的目標（雖然困難，但有可能達成），但多數投資人不僅未能打敗大盤，其表現甚至遠比大盤遜色。

你可能會想，以今天的科技和即時的資訊，我們可以仰賴過去所有集體智慧，提升投資績效——整體及平均而言。但是，現實一面倒地顯示，投資人辦不到。

原因很多，但主要原因之一——可能是最重要的一個，是人腦的構造不符合投資的要求（接下來的章節將進一步討論這一點）。人腦演化，是為了幫助我們吃得飽、穿得暖、保持乾爽，以及避開野獸的襲擊。這有助我們建造更高、更堅固、更安全的大樓，以及研發救命的疫苗，但對我們征服資本市場的努力毫無幫助，事實上我們反而可能因此受害。人是直覺的生物，但市場本質上卻是反直覺的。

簡而言之，人腦的演化方式，可以令人對市場抱持完全錯誤的看法。風險其實最低時，我們卻覺得風險特別大（迷思7、9）；根本沒有模式可循時，我們卻努力希望歸納出某種模式（迷思10）——我們希望從本質上無序（但亂得漂亮）的東西中看到秩序。然後，儘管人們天生希望賦予無意義的東西某種意義，卻完全忽略了明顯的形態，甚至嘲笑它們！（迷思1、2）

本書第一部將討論最基本的迷思。它們並非僅是理論上

的歧見，還是一些可能令投資人犯錯，因而長期付出昂貴代價的謬論。例如儘管數十年以至數百年的歷史證據顯示，股市長期而言升幅超過跌幅，大多數投資人還是無法確信。

人類的天性，也令投資人想得太短線。人們通常念念不忘的，就是近期如何生存下去——我們不得不這麼做！這幫助我們儲備糧食、熬過冬季，卻令人對投資期限的觀念完全錯誤，並因此受害（迷思3、4、8）。而儘管多數投資人（那些以長期成長為目標，也就是本書幾乎所有讀者）知道自己應著眼長線——在市場表現較沉著的時候，他們都會這麼說。然而一旦市場開始大幅波動，這種想法便拋諸腦後了（迷思1、6、7、8）。而一旦你不是基於理性、冷靜的長期目標，而是因為貪婪、恐懼、焦慮、消化不良、失眠或諸如此類的原因，改變投資策略一次或數次，就可能嚴重損害本身的長期投資報酬，令它難以接近大盤的表現（迷思2、5）。

還有波動性！許多人就是受不了市場大起大落，因為他們無法告訴自己著眼長線，而市場波動是正常的。即便是經驗最豐富的投資人也可能會忘記：在資本市場，平均值真的就只是平均值而已，實際情形可以是非常極端的，而這再正常不過（迷思5、7、9）。不明白這道理的人，不僅可能緊張過頭，因而錯過股市預測即將較高的長期報酬，還可能上當受騙，損失慘重！（迷思11）

說到底，如果你能確信資本體制的力量（也就是相信人

類的聰明才智是無限的，而這種才智最終將反映在企業未來的盈餘成長上，而長期而言盈餘成長又將推高股價），你就能看穿這些迷思。如果你捨棄投資未來不確定、但很可能有較高報酬的股票，選擇可在近期得到確定報酬的標的（例如購買「無風險」的美國公債），金融理論與歷史均指出，你將得到較低的報酬。這就是風險與報酬之取捨（迷思1、2、3、4、5、6等）。

而如果你不相信資本體制的力量，那也沒關係，你不需要相信它，它會相信你。不過，如果你跟一些永恆的悲觀者一樣，認為資本體制已崩壞，無法再有效運作，或者因為某些原因認為資本體制是不道德的，那麼我為你感到抱歉；不過若是如此，那麼你不應投資股票，而且你買這本書很可能是浪費錢了。在我撰寫本書時（2010年），許多人觀察當前環境，很容易會害怕資本體制將無法克服本國及其他國家政府的反資本力量（其實任何時候都會有很多人有些恐懼）。但是，資本體制這股力量，最終還是比任何反資本力量強大。你可能不相信，但這是事實。

究其本質，投資人必須相信資本體制短期雖不完美，但長期而言非常接近完美——它是我們迄今所知最好的資源配置方式，可確保資本流向最有利於創造幾近無限的未來財富之處（迷思10）。因此，成功的投資人必須具備膽識、紀律，以及藉由「破謬」獲得的清晰視野。讓我們馬上開始！

迷思 1
債券比股票安全？

債券（bond）就是能令人覺得安全，甚至bond這個字本身就有安全的含意，例如人們會說：「我的話就是正式承諾。」（My word is my bond）太多以長期成長為目標的投資人買了許多債券，認定它們比嚇人的股票更安全。但真的是這樣嗎？這主要看你如何定義「安全」。

「安全」是指為了降低近期波動，接受較低的長期報酬嗎？抑或「安全」是指提高投資組合的成長潛力，讓它較可能滿足你的長期成長及現金流需求？如果你需要某種程度的資產成長以維持退休後的生活方式，當你發現降低波動風險許多年後，代價是將來必須厲行節約，你可能不會覺得這很「安全」。當然，如果你必須向自己的伴侶解釋這窘況，你也不會覺得「安全」——未來如果遇上通膨肆虐（總是有這種可能），你就更不安全了。

⑤ 債券也是會跌的

　　沒錯，短期而言，股票波動可以非常波動，十分嚇人。
但人們忘了一件事：有時候債券的價值，短期內也是會下跌
的。2009年，債券的報酬率不僅遠不如股票（全球股市升
30％）[3]，本身還是負數——美國10年期公債跌9.5％。[4] 你不
會預期超級安全的資產出現這種表現吧？

　　沒錯，股票的確可以跌得更慘烈，例如2008年，世界股
市重挫40.7％！[5] 但別忘了，這些都只是短期績效。短期內股
票風險一般較高，因為大家期望它們帶來較高的長期報酬，
而它們也確實不負所望（有關股票的長期優勢，可參考迷思
2）。如果你的投資期限很長（多數投資人均如此，且許多投
資人因為低估自己的投資期限而受害，見迷思3），股票通常
是遠優於債券的投資標的。此外，如果你的投資組合必須有
所成長，而你又能給股票一些時間，股票甚至會是比債券更
安全的資產！一切取決於你的投資期限。

3　Thomson Reuters，MSCI全球指數總報酬，計入淨股息。
4　Global Financial Data, Inc.
5　同註1。

$ 給股票一點時間

　　拿未來一年必須用於付租金的錢去買股票，無論如何總是一件蠢事。不過，事實是：只要給一點時間，股票的表現歷來優於債券，不僅正數報酬率較高，而且較少出現負報酬——後者想必是許多人意想不到的。**圖1.1**顯示美國10年期公債的3年滾動實質報酬率（也就是經通膨調整）。注意：有許多時期出現了負實質報酬，而且一連負幾個時期的情況並不罕見。投資美債而遭遇這種負實質報酬，是得不到任何保

>>> **圖1.1　美國10年期公債（3年滾動實質報酬率）**
——比股票「安全」？

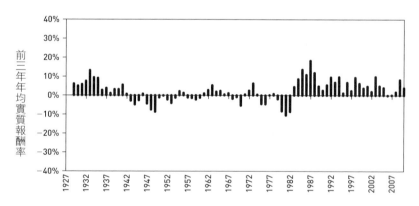

資料來源：Global Financial Data，美國10年期公債總報酬指數，1925年12月31日至2009年12月31日。

障的。

　　現在看看**圖1.2**，一樣的圖，只是標的換成標準普爾500指數（此處我選用美國股價指數，是因為其數據較完整、品質較佳，可觀察較長時期的表現；不過，換成全球股價指數，結論也大致相同）。以3年滾動實質報酬計，美股出現負報酬的次數其實比美債少。沒錯，股票出現負報酬時，跌幅比債券大，但正報酬更頻繁，升幅也大得多。股票的報酬遠優於債券，而且較少出現3年負實質報酬！

>>> 圖1.2　美國股票（3年滾動實質報酬率）

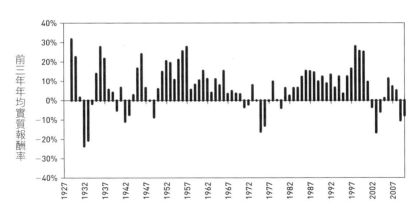

資料來源：Global Financial Data公司，標準普爾500指數總報酬，1925年12月31日至2009年12月31日。

⑤ 通膨對債券特別不利

　　大家也常常忘了通膨。倘若在你很長的投資期限內，出現一兩段通膨高漲的時期，有兩件事將發生。首先，長期利率通常將隨著通膨加劇而上升。債券殖利率與價格反向而動，因此利率上升時，你持有的長債之價格與價值，將相應下跌。

　　第二，等你取回債券的本金時，它的購買力已因為高通膨而大幅萎縮——真是禍不單行！在我2010年撰寫本書的當下，各國致力增加貨幣供給，而且許多國家財政赤字龐大，所以投資時不考慮通膨此一潛在風險，是很愚蠢的。高通膨時期，股票的報酬率低於歷史均值，但仍可保持正報酬（股市短期內當然波動不定），也就是大致能保持高於通膨的報酬率，因此在維持資產的購買力之餘，還能有所成長。

　　常有人罵我是「死多頭」，總是看好股市。不，事實並非如此：在我的職業生涯中，迄今我曾三次看空，而且每次均公開撰文指出（相關細節，以及我20多年來曾發表的其他觀點，可參考亞倫‧安德遜〔Aaron Anderson〕的著作《一個市場大腕的誕生：富比世披露肯恩‧費雪25年成功史》〔*The Making of a Market Guru: Forbes Presents 25 Years of Ken Fisher*〕）。

　　不過，如果我找不到看空的正當理由，那麼我的確有看

多的傾向。為什麼？回頭看看**圖1.1**和**圖1.2**吧！資本市場無比複雜，沒有一個人或一群人能完全了解龐大的全球市場錯綜複雜的運作。因此，投資不存在必然性，只有可能性或機率。而歷史告訴我們，看多的時間應遠遠多過看空。空頭就是不明白這一點，他們只要看到股市慘跌就驚嚇不已。因為某些原因，他們就是看不清一個簡單事實：只要給點時間，股票歷來能比債券提供更穩定的正報酬。因此，長期而言，股票風險較低。股票比債券安全嗎？看來，確實如此。

迷思 2

睡得好的投資人，
表現較優？

你晚上睡得著嗎？因為某些原因，許多投資專業人士和名嘴很關心你寢室裡的事，這可真叫人害怕。他們總是建議你要考慮難以捉摸的「情緒」或「壓力」因素（信不信由你，這絕不是決定你資產配置的主要因素，詳見迷思4）。

許多人就是受不了市場波動，價格大起大落足以令他們發瘋，並因此胃痛、失眠。難道他們只能終身接受低得可憐的投資報酬？讓我先問他們幾個尖銳問題好了。

⑤ 你確定問題在股票嗎？

首先，你知道一整年下來，債券有時也會出現負報酬率嗎？（如果你讀過迷思1，你當然知道！）確實，所有人都知道，股市在2008年跌得很慘，但多數人（他們沒看過本書）

沒注意到，美國10年期公債在2009年也重挫，足足跌了9.5%。[6]

　　第二，你確定自己討厭市場大起大落嗎？許多人討厭向下的波動，卻完全不視向上的波動為波動。但無論向上還是向下，波動就是波動。市場總會劇烈波動，但價格向上時，你其實是喜歡波動的。當股市空頭走勢結束時，許多人宣稱自己討厭股票，甚至會表示再也不想持有股票了；但多頭市場開始兩、三年，或五、六年後，他們又會徹底改變立場，重投股市懷抱（有時剛好來得及再次受創）。突然間，他們都成了大冒險家，再多「風險」也嫌不夠。這些傢伙並不是厭惡風險，他們不過是短視。他們追逐熱門題材，隨波逐流（法院或許應派人接管他們的資產，免得他們害自己損失慘重）。「股票恐懼症」某程度上是可克服的，方法是訓練自己著眼長線、忽略短期波動。當然，許多人做不到。

　　確實不容易，因為這是需要訓練的。天性使然，人念念不忘的，就是短期內如何生存下去（見迷思7）。但如果你能訓練自己想得長遠點，自然不必考慮所謂「能讓你安心入睡」的因素。為什麼？因為如果你的投資期限較長（讀過本書的人幾乎都懂得這樣做，詳見迷思3），股票比債券更可能

6　Global Financial Data公司，美國10年期公債總報酬指數，2008年12月31日至2009年12月31日。

帶給你較高報酬。認清此一事實，你就能學會安心睡覺，即使市場正經歷艱困的波動期，你也不會因此失眠（就像小時候，你在平安夜還是睡得著，即便你知道正有許多令人興奮的禮物等著你）。

⑤ 投資講求機率

歷史績效從不能預測未來表現，不過歷史可以告訴我們什麼是合理期望。投資領域裡沒有必然的事，它就像醫療及許多科學領域，是講求機率的。如果你的投資期限是30年（這是許多投資人的情況，連一些已退休或接近退休的人也是這樣），那麼股票很可能對你比較有利。自1927年至2010年，共有54個30年期。股票報酬率在每一時期均超過債券，平均以4.8對1的壓倒性優勢勝出（見下頁**表2.1**）。

即使將期限縮短為20年，股票的表現仍遠優於債券。在自1927年起的64個20年期內，股票在62個時期的表現優於債券（97%），平均報酬率為3.7對1（見第38頁**表2.2**）。

有些人就是固執得近乎冥頑不靈。他們不去想最可能發生的情況，而老是想著「萬一」：萬一債券表現優於股票呢？萬一出現「黑天鵝」呢？（2008年至2009年之後，相信百年一遇的「黑天鵝」災難事件每隔幾年就會出現的人多得驚人，似乎連《黑天鵝效應》〔*The Black Swan*〕這本書的作

>>> 表2.1　股票vs.債券（30年滾動報酬率）
　　　　——股票歷史績效遠優於債券

30年滾動平均總報酬率	
美股	2509%
美債	524%

資料來源：Global Financial Data公司，美股為標準普爾500總報酬指數，美債為美國
10年期公債總報酬指數，1926年12月31日至2009年12月31日。

者納西姆・尼可拉斯・塔雷伯〔Nassim Nicholas Taleb〕也相
信是這樣）。即便在債券表現優於股票的罕見20年期間，債
券報酬率平均也只是以1.1對1的些微差距勝出（見**表2.2**）。
因此，根據歷史績效，如果你將錢押在勝出機率很低的債券
上，結果又真的押中了，你不會贏得很多錢。而即使在報酬
率不如債券的每一個時期，股票報酬率仍是正數，雖然不是
很可觀的報酬，但債券也好不了多少。也就是說如果你可以
投資20年，買了股票但碰上股票表現不如債券的罕見情況，
你也不會損失多少。

　　第39頁**表2.3**顯示債券表現優於股票僅有的兩段時期，其
中一段結束於2008年底，適逢2007年至2009年，歷史罕見的
股市大空頭。即便如此，如果你在截至2008年底的20年中堅
持持有股票，仍可獲得404％的報酬。也就是說，投資10萬美

>>> 表2.2　股票vs.債券（20年滾動報酬率）

20年滾動平均總報酬率	
美股	909%
美債	247%
債優於股期間的20年滾動平均總報酬率	
美股	239%
美債	262%

資料來源：Global Financial Data公司，美股為標準普爾500總報酬指數，美債為美國10年期公債總報酬指數，1926年12月31日至2009年12月31日。

元在股票上，期底可得50.4萬美元，略低於投資債券的53.3萬，兩者的報酬率差距很小。連續投資20年或30年，債券報酬優於股票的機率極低——即使真的出現這種情況，報酬率也差不了多少，且在剛出現過一次債券優於股票的情況後，未來再發生這種事的機率勢必特別低。但是，不太可能發生的事，有時還是會發生。問題是：你真的要押注一個機率極低、而且勝出的話報酬很可能僅是以1.1對1的比率占優的情況嗎？

假設你到拉斯維加斯，眼前有兩邊可以押注：一邊的勝出機率是97％，1美元賠3.7美元；另一邊的勝出機率是3％，1

>>> 表2.3 債券報酬優於股票時，差距並不大

債優於股的20年時段	美股	美債
1929年1月1日至1948年12月31日	74%	91%
1989年1月1日至2008年12月31日	404%	433%

資料來源：Global Financial Data公司，美股為標準普爾500總報酬指數，美債為美國10年期公債總報酬指數。

美元賠1.1美元。在此情況下，你每次都會押97％機率的一邊。這對你來說是明顯不過的事，但換成是股票和波動性，許多人就會變糊塗。太多人因為被短期波動蒙蔽，令自己失去獲得長期較佳報酬的機會。換個方式講，你現在可能覺得市場起伏令你夜不成眠，但是，你不會希望在10、20或30年後，因為自己的投資報酬不理想而失眠──到那時，你的損失很可能已無可挽回，那才是真正的痛。

　　儘管如此，有些人就是沒辦法想20年或30年那麼遠。那也無妨，可以先訓練自己想得稍微長一點，因為只需要多給一點時間，股票就開始產生比債券更高、更穩定的正數報酬（別忘了迷思1的教訓）。

　　不過，總是有一些人無論如何都無法想得稍微長遠一些。他們實在受不了因為市場波動而胃痛或失眠。沒問題！如果受不了市場波動，你就必須降低本身對報酬率的期望，

然後透過其他方法賺更多錢，或是省吃儉用，或是以其他方法抵銷低投資報酬對自己的影響。沒辦法，若不承受股票的波動，就無法得到股票的報酬。如果有人向你推銷金融商品，並承諾能以顯著低於股票的風險獲得類似股票的報酬，你就得好好閱讀迷思5和11，因為對方很可能是騙子。如果被騙走全部本金，我保證你肯定會失眠很久。

迷思 3
退休人士應採取保守的投資策略？

多數投資人明白，如果他們的投資期限很長，股票是很好的投資標的。現在來一道填充題：「如果我即將退休，我的投資期限很＿＿。」如果你的答案是「長」，恭喜你，你很可能是對的。如果你答「短」，而且又不幸答對了，那就表示你將不久於人世，看我這本書幾乎肯定是浪費你的時間。好好利用你剩下的寶貴時光，做一些更重要的事吧。

至於繼續在看這本書的讀者，我想告訴大家：無論是媒體或金融專業人士，任何有關投資期限的說法，在我看來都錯得離譜，誤導了許多接近退休或已退休的人，也就是快60或60幾歲的人。多數人很自然地以為自己退休、停止撥款進退休金帳戶，或是開始定期從投資組合中提取現金時，個人的投資期就結束了。他們以為從這時起，應該將波動風險降至最低程度，也就是採取「保守」策略。

⑤ 投資期限隨壽命延長

　　但我認為這麼做其實很危險，往往會讓當事人晚年的生活品質受損，有時還是嚴重受損，而這其實是可避免的。為什麼呢？現在大家比以前的人長壽多了，但許多人投資時卻有如假定自己只活到70歲。拜營養改善及神奇的科技和醫學發明所賜，人類如今比40年前頂尖思想家所想像的更長壽。下頁**圖3.1**顯示，根據美國國稅局的精算假設中值，今天65歲的人預計可活到85歲，也就是說有一半的人將能活得更久。但我認為未來大家將更長壽。為什麼？原因一樣！未來20年，必定將出現更多我們今天難以想像的醫學進步。整體而言，今天的退休人士比一個世代前更強健、更活躍，舉例來說，過去我們可沒有那麼多長輩熱衷於運動。

　　因此，如果你現在65歲，你還有很長的日子要過！如果你來自長壽家族，而且目前身體狀況良好，你的餘命就更長了。如果你的伴侶比較年輕，你將更長壽！如果你的伴侶年輕又有好基因，你會更長壽。許多人認為降低風險是明智之舉，是安全至上的「保守」做法（注意：「保守」並無公認的定義，但許多人誤認為持有波動性較低的現金與債券組合就是保守）。

　　沒錯，滿是美國公債和現金的投資組合，確實不會出現太大波動（但美債的確可能在短期內貶值，像2009年就是這

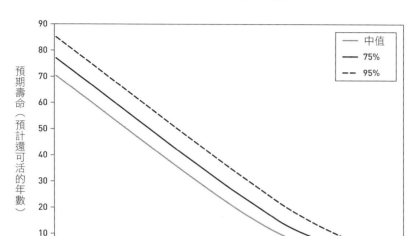

>>> 圖3.1 預期壽命越來越長

資料來源：美國國稅局。

樣。見迷思1）。然而，「波動風險」只是風險的一種。投資人還得面對「再投資風險」：等你的債券到期時，短期利率已下跌，拖低你期望的未來報酬；又或者是長期利率將上升，導致你未到期的債券貶值。

　　然後還有「機會風險」，也就是錯過更好投資機會之風險。這可說是你因為低估自己的投資期限，投資太「保

守」，最後耗盡錢財的風險。波動性可能令你短期內緊張不安，但如果你比伴侶先死，而且未規畫好她／他餘生的財務需求，你將大大縮短她／他的哀悼期。

⑤ 為了伴侶著想，把投資期限設長一點吧

　　我稱那些將投資期限設得太短的投資人為「恨妻者」，因為女性一般比男性長壽，結果往往是她們需要靠投資所得度過餘生。無論是否有意，低估投資期限的男士，很可能害自己的伴侶在喪偶後面對貧窮的晚年，又或者是至少比能妥善規畫投資期限的情況窮得多。老來窮是很可憐的，你可不會希望這種事發生在自己身上：你假定自己和伴侶的餘命與社會平均水準相若，預計將再活20年，結果卻發現你們兩人異常健康，還有30年可活，但錢僅夠花20年。此外，人到老年，正是希望花錢過得舒服點的時候。由此可見，投資太「保守」很可能將引發危機，一點也不穩當。

　　最重要的是，如果你的投資期限很長（多數讀者應該是這樣），投資股票明顯對你有利。下頁**表3.1**顯示自1926年以來，投資美股及美債1、2、3以至30年的平均報酬率。投資期限越長，股票表現優於債券的機率越高，而且報酬率超越債券的幅度越大。例如，投資20年的話，股票幾乎一定優於債券，累計報酬率平均為908％，遠高於債券的247％。投資30

>>> 表3.1　期限越長，投資股票越有利

投資期限	1年	2年	3年	4年	5年	10年	15年	20年	30年
股優於債的機率	63%	67%	69%	69%	72%	82%	91%	97%	100%
債優於股的機率	37%	33%	31%	31%	28%	18%	9%	3%	0%
美股平均報酬率（累計）	12%	24%	38%	54%	71%	209%	470%	908%	2509%
10年期美國公債平均報酬率（累計）	6%	12%	18%	25%	32%	80%	149%	247%	524%

資料來源：Global Financial Data公司，美股為標準普爾500總報酬指數，美債為美國10年期公債總報酬指數，1926年12月31日至2009年12月31日。

年的話，債券的表現根本不可能優於股票。

　　投資期限很長——20年或以上——的投資人，其資產多數至少需要某種程度的成長。還有，別忘了通膨的影響！（詳見迷思30）。退休人士若希望投資組合至少能追上通膨，並帶來一些現金，那麼去除投資組合全部或大部分波動風險，將損害他們的利益。不承受風險，投資組合是無法成長的；不成長的投資組合，假以時日將因為通膨及投資人提

款而大幅萎縮。為了令投資組合能滿足你的長期需求，你很可能需要持有一些股票，而且絕大多數時候都是如此。因為，畢竟現在65歲實在不算老，還有很長的餘生要過，而你的伴侶也是。誰曉得呢？說不定，還有第二或第三個伴侶呢。

迷思 4

年齡決定資產配置？

成千上萬的書籍、研討會和學術論文，都以「資產配置」為主題。儘管專業人士、學者及業餘人士對資產配置有種種不同、甚至是對立的觀點，許多普遍的做法僅考慮投資人的年齡，例如許多人說：100（或120）減去你的年齡，就是股票在你投資組合中應占的百分比。我要提醒各位，年齡是一個因素，但僅考慮年齡是不夠的。

⑤ 年齡是唯一重要的因素嗎？

如果年齡是唯一重要的因素，那麼同樣75歲、資產規模相當的兩位先生，資產配置方式應該幾乎完全一樣。如果你是理財專員，可能會覺得這種做法很好，原因有二：首先，你可以少做很多事——客戶的年齡是決定資產配置的唯一重要因素，而這資料不難找到；第二，它能給你很大的保障，

客戶不能抱怨你在資產配置方面誤導他們，因為你不過是遵循一條非常簡單的公式。

但如果你是一位讀過本書「迷思3」的投資人，應該已經意識到光考慮年齡是不對的。假設有吉姆和巴伯這兩位先生，他們同樣75歲，資產規模也相同，但除此之外再沒有什麼共同點。吉姆已喪偶，有一個兒子，他不必為了留大筆遺產給兒子而操心。不是他不愛兒子，而是因為兒子事業非常成功，本身就很富有，不需要父親的遺產。但吉姆需要靠自己的財產度過餘生——如果有錢剩下來，那是意外。吉姆的父母分別於68及72歲去世。吉姆目前健康狀況無虞，但先前曾兩次心臟病發，他的基因及健康紀錄預示他餘命不長。

至於巴伯，他的第二任妻子60歲，兩人健康狀態均極好，天天打網球。巴伯的父母均活到接近100歲。他有多種收入來源，不需要從自己的投資組合中提取現金使用。他希望自己死後，將這些錢留給妻子，但他認為妻子其實也不需要這筆錢。因此，他的投資組合最終可能留給他和首任妻子所生的兩名子女，他們現年51及49歲，預計將再活35至45年，甚至更久。

這只是兩個並不特別的例子，而這種案例數以百萬計。每個人的目標、收入需求、期望報酬率、家庭情況、預期壽命乃至其他條件的差異很大，所以為什麼可以光靠年齡去決定他們的資產配置呢？年齡當然是要考慮的，但也只是一個

因素。資產配置決定極其重要，它決定投資組合的「基準」（benchmark），也就是決定了你對投資組合的期望。

簡單來說，基準是某個股價指數（如標準普爾500指數，或MSCI世界指數）或債券指數，也可以是股票與債券指數的混合體。基準是你建構投資組合時的指引、一個風險管理工具，以及投資績效的量尺。你的資產配置不必總是緊貼你的基準；為了達成某些短期目標，你可以刻意偏離基準。例如在預期市場將進入空頭時採取守勢，又或是嘗試把握你認為必將表現出眾的類股的進一步漲勢。

⑤ 決定基準的三個因素

因此，當人們談論「資產配置」時，其實也是在講他們的基準。那麼，如果不是年齡，基準取決於哪些因素？最主要是以下三者：

1. 投資期限
2. 報酬期望
3. 現金流需求

投資期限（如你從迷思3所見）是你的資產需要維持的時間。它不是由未來的某個重要日子（例如退休日，也就是你

開始從投資組合中提款之時）決定。這一點至關緊要，因為你的投資策略必須涵蓋資產的整個壽命——**你不希望你的資產先你而亡**。如果是先你的配偶而亡，那更糟糕。

報酬期望反映你希望自己的資產有多大程度的成長。有些投資人真的只想保本（見迷思6），但根據我的經驗，這是非常罕見的。或許你有5000萬美元，每年只花5萬美元，不喜歡做公益，還是個厭世者，對自己的財產毫無規畫。如果真是如此，你的報酬期望很低，是少數可以將錢放在床墊下的人。但絕大多數投資人不能（或不應）像你這樣。不過，如果你有這樣的條件，你應該不會拿起這本書。絕大多數人需要某種程度的資產成長，可能是因為需要盡可能擴大資產組合的規模，又或者是需要資產組合以滿足現金流需求，又或者只是為了對抗通膨！（見迷思30）。

由此就講到第三個考量——**現金流需求**。許多投資人需要靠他們的資產組合支付生活費用，可能是現在就需要，也可能是從未來某個時候開始。你每年需要資產組合提供多少現金、何時開始、持續多久，將對你應採用什麼基準有重大影響。

在此之外，還有一些相對次要的因素，但通常涉及一些重要細節。某些投資人有一些社會「需求」，希望避免投資「罪惡股」，如菸草或賭博業者——他們需要一個「除罪的」基準；有些投資人則因為擔任某些公司的董事，不能投

資某些個股；還有一些人因為工作關係，持有所在公司的大量股票（有關對單一個股——包括雇主——暴險過高的問題，請參考迷思34）。這些都是重要的細節，但通常僅涉及操作手法上的小調整，而不是重大的策略改變。

講到這裡，我一次都沒提年齡。當然，年齡影響你的投資期限（雖然多數投資人未能正確地估算自己的投資期限），而投資期限很重要，但報酬期望及現金流需求也很重要，必須一併考慮。將資產配置決定簡化至僅考慮年齡，可能會造成某些嚴重錯誤，且它們可能要很多年後才顯現出來，屆時或許已無可挽回。例如，未來25年（或從20年後開始的25年），因為通貨膨脹，你需要用來支付生活開銷的現金將越來越多，如果你的投資規畫未能顧及這點，因此低估資產成長的需要，你未來的生活品質可能將被迫大幅降低。這種情況可不能等閒視之。

迷思 5
穩賺平均報酬率不是夢？

　　金融騙子能騙倒人（詳見迷思11），原因之一在於人們相信年復一年的穩定高報酬率是可以達成的。不僅是正數報酬率，還是很高、很穩定的正數報酬率——夢幻般的投資績效。太多人因為相信年復一年取得10％～12％的報酬是合理期望，結果上當受騙，或是做了一些令自己後悔莫及的投資決定。為什麼不能如此期望呢？大家都知道，股市長期而言平均報酬率正是約為10％～12％——視測量的時段而定，可能多一點或少一點。[7]

　　那麼，年均報酬率10％有什麼問題呢？如果這是一段長時間的平均報酬率，那是完全沒問題的。問題是，某些騙子宣稱他們每一年均取得10％～12％的報酬率（美國金融史上最大詐騙案主謀柏納・馬多夫〔Bernard Madoff〕，正是宣稱

---

[7]　編註：根據彭博資料，台股2019年至2021年平均報酬率為23％。

自己有這種本事）。是每一年，而不是平均！股市漲35％嗎？他們的報酬率是12％；股市跌15％？他們仍然能有10％的報酬率。完全不會有意外，沒有一年大漲，但也沒有一年大跌——永遠平穩！有些可憐的傢伙相信他們碰到的騙子真有這種神奇本領。

有些騙子是直接訴諸人的貪念：他們承諾，不需要冒什麼風險，就能獲得遠高於平均水準的報酬。這當然是難以置信的。更多騙子是訴諸人類對波動性的固有恐懼（以及一點貪念），宣稱自己能取得略高於平均水準，但非常非常穩定的報酬率。馬多夫騙局部分受害者事後表示，他們以為自己當初沒有要求遠高於平均水準的報酬，是「穩當保守」的做法！但是，每年都取得大盤的長期平均報酬率，根本就是不可能實現的美夢——你能藉由「破謬」，輕易驗證這一點。事實是：平均報酬率並非正常現象。正常的年度報酬率是極端的。平均報酬率是由多數大幅偏離平均水準的年度報酬率構成的。再說一遍：**年度報酬率以極端水準居多**。

⑤ 正常報酬率偏極端

第55頁**表5.1**顯示1926年至2009年12月31日，標準普爾500指數年度報酬率的分布情況。你一眼就能看到，高報酬（年度報酬率超過20％）加負報酬的發生頻率，遠高於「平

均」報酬。報酬率接近「平均」水準的年分，其實不是很常見。該表未顯示的一點是，年度報酬率在10％～12％之間（騙子希望你相信這是常態而非疑點），僅出現過5次——1926、1959、1968、1993及2004年。[8]「平均」報酬率根本不是常態。事實上，股市最常出現的情況是大幅上漲——發生頻率為38.1％。約三分之二的年分，股市不是大漲就是下跌。再說一遍：**年度報酬率以極端水準居多**。這是事實，但要人們相信它卻不容易。

你可以以獲得平穩的報酬率為目標，但如果你這麼做，你的報酬率很可能將顯著低於股市長期平均報酬率。如果你想得到平穩的績效，就必須接受債券及現金類資產較低的報酬率。就是這樣！

而如果你想得到年均10％的報酬，這也是辦得到的——但你必須接受個別年分的報酬率大幅偏離10％。不過，要獲得大盤的長期平均報酬率，還是十分困難的。首先，長期而言，大多數投資經理人無法打敗大盤。第二，投資人通常總是有辦法傷害自己：追逐熱門題材、改變投資策略，或是基於一時的情緒，做一些損害長期績效的決定。許多人常常在最不恰當的時候，進出大盤或某些類股（迷思7、17、18）。

---

8 Global Financial Data公司，標準普爾500指數總報酬，1925年12月31日至2009年12月31日。

>>> 表5.1　平均報酬率並非常態——正常報酬率偏極端

標準普爾500指數 年度報酬率範圍	1926年以來 出現次數	頻率	
超過40%	5	6.0%	
30-40%	13	15.5%	高報酬出現頻率38.1%
20-30%	14	16.7%	
10-20%	16	19.0%	「平均」報酬出現頻率 33.3%
0-10%	12	14.3%	
-10至0%	12	14.3%	
-20至-10%	6	7.1%	
-30至-20%	3	3.6%	負報酬出現頻率28.6%
-40至-30%	2	2.4%	
低於-40%	1	1.2%	
總次數	84		
簡單平均值	11.74%		
年率化平均值	9.70%		

資料來源：Global Financial Data公司，標準普爾500指數總報酬，1925年12月31日至2009年12月31日。

不過在實際操作上，長期而言要獲得大盤的平均報酬率其實很簡單。你只需要建立一個非常接近大盤的資產組合，然後一直持有就可以了。你將無法打敗大盤，但你的績效將緊隨大盤，長期而言應可獲得優於債券（或類似的高流動性資產）的報酬，而且績效將優於你的大部分朋友，甚至是大部分基金經理人。

　　但這意味著你將經歷一些令人不安的大盤下跌年，以及一些大盤勁漲年。容我再說一遍：就我所知，從不曾有人可以不必承受類似大盤的跌勢，就能獲得類似大盤的報酬率。如果你想獲得接近股市長期平均水準的報酬率，除了必須接受市場的向下波動之外，別無他法。正常的年度報酬率其實是偏向極端水準的。

迷思 6

保本和成長可以兼得？

$是$ 嗎？那我有一隻獨角獸可以賣給你。

「保本兼成長」是投資界常掛在嘴邊的話，也是許多人渴望的目標，但它就像熱量只有1大卡的甜點。這概念基本上是說，你可以保住本金，不必經歷令人厭惡的短期波動性，同時獲得某程度的資本成長。聽起來好極了！就像吃甜點，可以享受迷人的滋味，但完全不必擔心脂肪和熱量！真是人人想要。確實也有許多人致力嘗試，但結果遠不如人意。概念很好，但根本辦不到，跟聖誕老人一樣不真實。儘管如此，相信這謬論的人（甚至包括專業人士）仍多得令我震驚。

如果真的想保本，波動風險是必須完全去除的——不怕資產價值下跌，但基本上也沒有上漲空間，因為這兩者是相互依存的。以上特別指明「波動風險」，因為風險有很多種，波動性只是其中一種。投資人還必須面對「利率風

險」：債券到期時，利率可能已下跌，你必須接受較低的收益率，又或者將資金投資在風險較高的資產上，以維持和先前相若的收益率。然後還有「機會成本」問題：你可以因為暴險不足，結果錯過長期績效估計較佳的其他投資標的。此外還有「通膨風險」。風險的類型幾乎無窮無盡，但希望保本的人，通常最關心資產的波動性。

舉個例子，你可以買進美國公債，然後持有至期滿——這是一種保本策略。你不會想經常買賣，因為即便是美國公債，短期內確實還是可能貶值（見迷思1）。別搞錯了，美國公債也是有短期波動性的。

不過，買進公債後持有至期滿雖然可以保本，但很可能無法帶給你多少報酬。2010年我撰寫本書時，10年期美國公債殖利率不到3％。通膨只需要稍微升溫，這點報酬可能就化為烏有。但這仍好過貨幣市場帳戶的報酬——2010年時很可能低於1％。這就是保本。

⑤ 保本兼成長是結果，不是目標

根據我的經驗，以保本為長期目標是很罕見的。絕大多數人希望自己的資本有所成長，可能只是希望能打敗通膨，希望投資組合能滿足個人未來的現金流需求，又或者是盡可能擴大投資組合的價值，好留更多財產給子孫、慈善團體，

或是拯救海牛等動保事業。投資人想要的成長各有不同，但多數希望獲得某種程度的成長。即便嚴格執行保本策略，資產組合的購買力還是可能因通膨加劇而萎縮（見迷思30）。切記：在相當正常的3％通膨率下，今天的一塊錢，20年後將損失一半的購買力。這就是為何真正以保本為目標，其實很罕見。

短期而言，情況則完全不同！例如，許多人有些投資期限很短的資產組合（例如他們正為一、兩年後買房子的頭期款存錢）。在此情況下，不冒險是很合理的。在多頭市場期間，股市的確可能快速向下修正，短時間內跌17％～18％，然後再收復失地，這是常有的事。但短期資金碰上這種情況，後果可能很嚴重。如果你正為購屋存錢，那筆錢便是短期資金。

但如果想要成長，即便只是小幅成長，你必須接受一些波動風險，也就是放棄真正保本的概念。不必全部買股票，你可以將10％的資金配置在股票上，其餘則是公債。你可以因此獲得一些成長，即便整體而言不是很多。儘管如此，在這個波動性相對低的資產組合中，股票那部分還是很波動的，而你已經脫離純粹保本的操作方式。

以「保本兼成長」為目標是一個謊言。這話不好聽，但事實如此。如果有人向你推銷「保本兼成長」的商品，他們要不是騙子，要不就是自己也被誤導了。無論是哪一種情

況，你都應該敬而遠之。如果對方連最基本的金融與經濟理論都不懂，你還想將錢交給他管理嗎？

現在我想把話反過來說：是的，保本兼成長，**作為結果**，是有可能做到的。長期而言，如果你能讓資產組合顯著成長，你必然也達成了保本的目標。自1926年起的每一個20年時期，美股到期底時從不曾出現負報酬[9]（見迷思1、2、3），一次都沒有。股票在某些時期成長較突出，但無論如何，總能有所成長。但是，以這種方式達成保本兼成長的目標，完全是拜成長的目標所賜，跟保本目標無關。這種做法必須完全承受股市的短期波動，而人們在希望「保本」時，通常不會考慮這種操作方式。

如果你的目標真的是短期保本，你的資本是不可能有什麼成長的。歷史經驗顯示，**投資股票並著眼長線，是獲得成長的最好方法**，這樣一來，你自然也將達成保本的目標。

9　Global Financial Data公司，標準普爾500指數總報酬，1925年12月31日至2009年12月31日。

迷思 7

你該相信直覺嗎？

在投資方面，你是否曾經依賴直覺？例如：早知道就該買XYZ，結果沒買（無論原因為何），然後該股暴漲三倍。又或者是：早覺得該賣掉ABC，結果沒賣，然後該股就慘跌80％。你常常有此類感覺，而它們通常是正確的──至少你回想起來是這樣。但是，我幾乎可以肯定，你的腦袋其實是你的大敵，時常在捉弄你。

行為心理學有個重要分支，名為行為財務學，專門研究大腦如何演化以處理人類生存的基本問題，以及大腦如何導致嚴重的投資錯誤。該題材已衍生許多專著，未來勢必將有更多。我2006年的著作《投資最重要的3個問題》，第三個問題便是以此為基礎。

⑤ 選擇性記憶，以及其他麻煩的偏誤

　　人腦會產生一些基本偏誤，令我們難以處理反直覺問題，例如股票投資。基本偏誤之一是人應相信自己的直覺。首先，我想問：你**真的**知道XYZ將漲那麼多嗎？抑或起初那只是短暫的模糊想法，你直到很久之後，也就是事後，才形成這股信念？（通常後者才是事實）。或許，你是受**後見之明偏誤**（hindsight bias）蒙蔽？你其實直覺相信20檔個股勢將大漲，但結果除了XYZ，它們全部表現平庸。但你很省事地忘了那19檔失敗的個股，只記住可以讓你吹噓自己是天才的XYZ。這種事常發生，很常發生，但你的腦袋從不記住。（這其實是許多投資通訊的慣常做法，他們會說：「我們先前推薦這6檔股票，如果你買進了，現在已經賺了xx％！」他們很省事地不提他們推銷但表現差勁的另外874檔股票）。

　　投資人往往很相信直覺——那種催促你立即做出反應的強烈感覺。這是我們祖先的一種生存本領，稱為「戰或逃」（fight or flight）：凶猛的野獸衝過來時，他們必須馬上逃跑；如果那隻野獸夠小，他們會提起長矛，將牠帶回家裡當晚餐。這是一種本能反應，對人類的遠祖非常重要。

　　客戶常跟我說，我出錯的時候，他們「從頭到尾」都知道我是錯的。但他們其實極少從頭到尾知道我錯了，他們很可能只是事後諸葛，又或者是受選擇性記憶蒙蔽。事實往往

是，他們希望我是對的，但擔心我錯了——這是完全自然的本能。在他們的腦袋裡，會把**害怕**我犯錯，變成**知道**我犯錯。一旦涉及金融市場，大腦就會變成可怕的騙子。

我的公司曾邀請一些熱心的投資「愛好者」及長線投資者進行焦點訪談，結果發現許多人明顯傾向相信自己事前已知道，2007年至2009年將出現災難性空頭走勢，而且「任何人只要運用常識和直覺，就能預見這場災難」。當然，如果他們真的事先預知一切，就會賣光手上的股票，而不是跟其他人一樣受重創。顯然，他們的記憶騙了自己。

⑤ 輸錢的痛苦比賺錢的快樂更強烈

研究證實，美國投資人對虧損的痛苦感覺，強度是賺錢的快樂感覺的2.5倍。[10] 因此，平均而言，虧損10％的痛苦，和賺25％的快樂一樣強烈。這聽起來很荒謬，直覺來說會讓人無法同意。對人類祖先來說，避開馬上受苦的危險可延長壽命；受這種天性影響，投資人在擔心短期虧損時，直覺地傾向逃為上策，就像我們的祖先看到野獸衝過來時那樣。英文甚至有一個詞形容這現象：**短視的損失厭惡**（myopic loss

---

10 Daniel Kahneman and Amos Tversky, "Prospect Theory: An Analysis of Decision Under Risk." *Econometrica*, Volume 47, Number 2（March 1979）. pp. 263-291.

aversion），換個說法是「激進的短視」（aggressive short-sightedness）。

在冷靜的時候，以長期成長為目標的投資人多數同意他們應該要著眼長線，忽略短期波動，而他們也打算這麼做，還沉著得很！但市場劇烈波動時，原始本能往往占上風，令他們想採取行動，消除近期受苦的威脅，即使這會令他們損失未來的報酬。為什麼呢？因為他們對眼前的痛苦感覺太過強烈，遠超過他們能想像的未來盈利可帶來的快樂。在這種時候，投資人會說類似這樣的話：「別只是坐著不動，做點事吧。」迎戰，或逃跑。但有時候，不動如山也是一種反應，而且是當下的最好反應。

接下來講一個例子。對美國及世界股市來說，1998年是美好的一年。如果你吃一顆藥，然後從1月1日一直睡到12月31日才醒來，你會覺得股民這一年真幸福！但如果你一直醒著，就會同意這一年還真煎熬。這年股市開局很好，至7月中世界股市已大漲22％。[11] 但人們擔心1997年爆發的亞洲金融危機將殃及全球，尤其是因為它導致俄羅斯賴債，並將俄羅斯貨幣——盧布貶值（這就是著名的「俄羅斯盧布危機」）。債務危機波及西方，令規模龐大、槓桿極高的美國對沖基金公司，長期資本管理公司（LTCM）瀕臨賴債。人們擔心，長

---

11 Thomson Reuters，MSCI全球指數，價格層面的報酬率。

期資本管理公司一旦倒閉，可能拖垮整個美國金融體系。受此影響，世界股市經歷了令人緊張不安的修正——短短11周內下挫20％！[12] 天啊！

　　但修正很快完成，因為它們是基於市場情緒而非基本面，而情緒變得很快。投資人很快克服了原先的恐懼，世界股市大幅反彈27％，年底時大幅收高24.3％（美股收高28.6％）。[13] 忽視直覺、不動如山的投資人獲得豐厚的報酬。投資人若因為恐慌而拋售求心安，則很可能賣在相對低點，而且多數人未能及時買回股票，趕不上股市的快速反彈。此外，他們還必須承擔交易費用，還可能得付一些稅。好痛！

　　下頁**圖7.1**顯示1998年全球股市走勢。實線箭頭連接市場年初及年末水準，漲勢很漂亮！但指數實際上並非直線上漲，股市極少漲得那麼順。兩個虛線箭頭分別畫出下半年駭人的跌勢，以及同樣快速的反彈。別忘了，對多數投資人來說，市場下跌感覺特別痛苦：20％的跌幅，會令多數人像經歷50％的跌幅那麼痛，真的很恐怖。谷底反彈的那段漲勢很好，但多數人不會特別興奮：27％的升幅，就是給人27％升幅那樣的快樂，固然很好，但快樂的強度不如20％跌幅所造成的痛苦。

12　同上。

13　Thomson Reuters，MSCI全球指數總報酬，計入淨股息；Global Financial Data，標準普爾500指數總報酬。

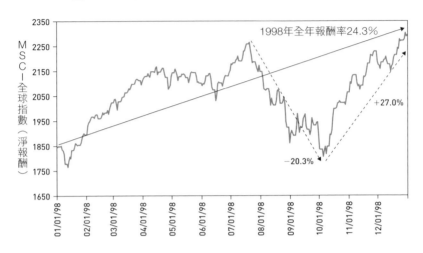

> > > 圖7.1　股市美好的一年——1998年全球股市漲24.3%

資料來源：Thomson Reuters，MSCI Inc.，MSCI全球指數總報酬，計入淨股息，1997年12月31日至1998年12月31日。

　　然而你知道這是不對的。這一年股市大幅收高，這是最重要的，試圖緊隨市場的大起大落操作，往往得不償失。但市場劇烈波動時，我們古老的腦袋傾向命令我們有所反應。不少人認為市場的修正走勢是可以捕捉的，但事實是，從不曾有專業人士可以長期持續做到這一點。因此，如果你相信自己的直覺，在相對低位賣出，結果很可能只是害自己多付手續費，並錯失未來的漲勢而已。按兵不動有時是最積極的反應。人們以為什麼都不做總是很容易，但事實不然！（見

迷思17）。這也是為什麼不動如山可以獲得豐厚報酬。

　　下一次當你的直覺誘使你做一些事時，切記：你石器時代的腦袋雖然擅於避免身體受傷，但你的投資直覺也是源自這顆腦袋，而它真的是個很差勁的投資經理人。

迷思 8
一次大空頭即足以致命？

空頭市場令投資人心理上很受傷——嚴重受傷。我稱股市為「大羞辱者」（the Great Humiliator），而大羞辱者最喜歡做的，就是在市場上漲（或下跌）前，盡可能令許多人恐慌，害他們虧錢。空頭市場正是大羞辱者最致命的時候。

大羞辱者以各種方式搶走人們的投資報酬。首先，它可能令你的資產短期內大幅縮水，出現巨額的帳面虧損，令人感到丟臉、恐懼，痛苦不已。此外，大羞辱者也知道，人們討厭虧損甚於喜歡盈利。因此，空頭市場令投資人覺得非常痛苦，以致許多人做出一些最終傷害自己的瘋狂行為——如果他們能堅持按兵不動，長期而言結果會好得多。這種愚行包括在市場已跌至接近谷底時，認賠殺出。太多投資人往往以「等待情勢明朗」為理由，做出這種自殘行為。又或者是在市場跌得天昏地暗之際，許多投資人忽然投降，認為自己

再也無法承受股市的大起大落（又或者是基於其他形形色色的理由），因此改變長期投資策略，改持有現金及債券，結果錯過股市從谷底強勁反彈的機會（詳見迷思9）。當中可能還有一些投資人矢言再也不碰股票，結果等到下一波多頭市場走到尾聲時，認為股市走勢已「明朗」，又重投股市，然後很快又再次受大羞辱者教訓。大羞辱者就是這麼陰晴不定，冷酷無情。

另一種情況是，有些人表示，他們將持有股票，直到他們「賺回先前虧掉的」，或是達成某個隨意認定的目標，然後他們就會改變策略，持有現金和債券，因為「債券比較安全」（未必，見迷思1）。問題是，如果他們認為股票短期內可令他們的投資組合達到某個目標水準，為什麼不相信股票長期而言可以帶來較豐厚的報酬呢？這可真奇怪。短線目標意味著很短的投資期限，而股票幾乎總是不適宜做短期投資。長線目標意味著較長的投資期限，而股票幾乎總是最適合做長期投資。可是許多投資人，就是想不通這道理。

⑤ 大空頭之後有大反彈

事實是：如果你的投資期限很長（本書讀者很可能是這樣，見迷思3），而且以獲得股市的長期報酬為目標，那麼空頭市場對你的投資期限和目標毫無影響，事實上對你未來該

怎麼做也幾乎毫無影響。人們害怕的是掉進一個無法逃脫的深坑。他們知道，如果股市跌25％，要打平的話必須升33％，而不是25％。如果大盤跌30％，則必須升接近43％才能打平。出現大空頭走勢時，就像2007年10月至2009年3月那樣暴跌58％，[14] 大盤就必須回升138％才能打平，而這還只是補回先前的跌幅而已，必須進一步上漲才能有所成長。且這波空頭市場又暴露出種種嚴重問題，人們因此幾乎無法想像股市可以漲那麼多──大羞辱者又發功了。事情總是這樣，永遠不變。

嚇人嗎？確實。不可能嗎？不，歷史事例一再顯示這是可能的。空頭市場是正常現象，不時發生，有時跌得深一些。但歷史上股市即使慘跌，假以時日總是能收復失土，然後再創新高，繼續上漲。如果空頭市場的跌幅是無法收復的，那麼股市將只能下跌，但事實並非如此。股市漲多過跌，起伏不定後最終總是繼續攀升。空頭市場跌得越深，隨後的多頭市場通常漲得越強勁。當然並非總是如此，但通常是這樣。即使不是這樣，你如果按兵不動，隨後在多頭市場中獲得的報酬，一定比你在股市低位時退場改持現金好。

你可能會想：「這次不一樣。」許多人知道，約翰・坦

---

14 Thomson Reuters，MSCI全球指數總報酬，計入淨股息，2007年10月31日至2009年3月9日。

伯頓爵士（Sir John Templeton）稱這是投資領域裡最危險的一句話。事實是，「這次」跟以前沒有任何重大差別，幾乎永遠如此。沒錯，細節不同，但影響股市的基本因素並無不同。而面對空頭市場的驚嚇，人的反應可說是千篇一律。因此長期而言，股市大盤應將持續攀升，但當然不時會有或大或小的向下波動。

記住：人類的才智、創新與欲望是無窮的，未來將出現許多我們目前想像不到的商品與服務，企業將因此賺得我們目前想像不到的盈利，情況向來如此。一直以來，總有人在抱怨股市過熱、資本主義走到末路。要這麼斷言沒問題，但每一次事實總是顯示他們錯了。如果你投資的是長期資本，我建議你押注「這次沒什麼不一樣」的這個可能性，儘管你總是覺得這次情況不太一樣（而媒體總是想給你這次不一樣的無數理由）。

輿論常認為社會與政治趨勢將壓倒資本體制，這不是什麼新觀點。但是，環顧全球民主國家，資本體制幾乎總是比政界、社會趨勢及短暫的政治意志強大，結果幾乎總是能壓倒其他力量（史蒂夫·富比士〔Steve Forbes〕在他2009年的傑作《資本主義將如何拯救我們》〔*How Capitalism Will Save Us*〕中，對此概念有很好的闡述）。

⑤ 別被平均報酬率蠱惑

　　許多人擔心空頭市場的跌幅無法收復，原因在於他們被股市平均報酬率所迷惑（相信「每逢5月分就該賣股」的人也有類似問題，見迷思25）。長期而言，股市年均報酬率約為10％，視測量的時段與方法而稍有差異。因此，如果空頭市場過後，你需要大盤升33％、45％或140％才能打平，那看來真的需要很長、很長時間。只是，許多人似乎都忘了這一點：股市的長期平均報酬率，是**包括空頭市場**的。容我重申：股市在以往的空頭市場中大跌，但平均每年仍產生約10％的報酬率。為什麼呢？因為股市的年度報酬率實際上往往大幅偏離平均值──它們偏向極端，常大漲或大跌，而這是正常情況！（見迷思5）。**許多人不知怎地能接受股市可能大跌，那麼，為什麼不能記住股市也常大漲呢？**

　　分析平均值由什麼構成，是「破謬」的基本功。股市多頭市場比人們想像的更長久，更強勁。換句話說，多頭市場的報酬率必然高於平均值──必須如此，否則無法收復大跌年分的失土。下頁**表8.1**顯示美股自1926年至2010年所有多頭市場，它們為投資人提供年均21％的報酬！而雖然持續時間差異很大，它們比許多人想像的長久得多。

　　而且空頭市場跌得越深，自谷底反彈的升勢就會來得越快越大，因為事實上往往如此（見迷思9）。不少人會想：

>>> 表8.1 美股1926年以來的多頭走勢──多頭市場報酬率必定
高於均值

低點	高點	持續時間 （月*）	年均 報酬率	累計 報酬
1932年6月1日	1937年3月6日	57	35%	324%
1942年4月28日	1946年5月29日	49	26%	158%
1949年6月13日	1956年8月2日	85	20%	267%
1957年10月22日	1961年12月12日	50	16%	86%
1962年6月26日	1966年2月9日	43	18%	80%
1966年10月7日	1968年11月29日	26	20%	48%
1970年5月26日	1973年1月11日	32	23%	74%
1974年10月3日	1980年11月28日	74	14%	126%
1982年8月12日	1987年8月25日	60	27%	229%
1987年12月4日	1990年7月16日	31	21%	65%
1990年10月11日	2000年3月24日	113	19%	417%
2002年10月9日	2007年10月9日	60	15%	101%
多頭市場平均值		57	21%	164%

*一個月以30.5天計。
資料來源：Global Financial Data公司，標準普爾500指數價格報酬。

「嗯，我經歷了一個大空頭，資產價值跌了很多。現在我必須主要持有現金和債券，以保護自己免受未來的風險傷害。」錯！回頭觀望，是無法告訴你接下來將會發生什麼事的。投資人無論何時均應向前看，並想想自己的長期目標是什麼，不受「大羞辱者」的空頭走勢嚇倒。不要被平均值所迷惑。空頭市場的確可以跌很深，但多頭市場更長久且強勁，而且未來很可能一如以往地主導大盤走勢。

迷思 9

確定是多頭市場，
才肯進場？

假設現在股市正值可怕又險惡的大空頭，而你一直沒有退場，短期內這當然會令你損失慘重。此外，空頭市場的波動很劇烈、很嚇人，你應該抽身而出，等到空頭走勢結束，情勢較明朗時再進場嗎？（另一個問題是：你真的那麼擅於掌握進出市場的時機嗎？）

又或者你可能已退場，知道自己必須在某個時候重新進場。但該在什麼時候呢？市場的劇烈波動已不是嚇人所能形容。最好是等到空頭走勢確定結束，市場進入新的多頭階段，走勢十分清晰時再進場，對吧？

不對。雖然聽起來反直覺，但**投資人最悲觀的時候（也就是市場跌至谷底時），正是風險最低之時**。在資本市場，清晰是代價最昂貴的東西之一，而且幾乎總是一種幻覺。

沒有人能準確預測空頭市場的谷底。如果有人告訴你他有這樣的本事，他要不是自欺，要不就是想騙你（見迷思

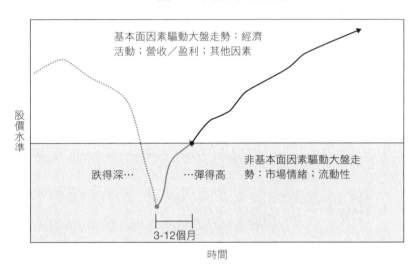

>>> 圖9.1　典型的V形反彈

基本面因素驅動大盤走勢：經濟
活動；營收／盈利；其他因素

股價水準

跌得深…　　　…彈得高　　非基本面因素驅動大盤走
勢：市場情緒；流動性

3-12個月

時間

註：僅作說明之用；並非按比例繪製，勿以為是一種預測。

11）。當然，幸運猜中一次是有可能的。空頭市場末期的波動，短期內雖然令人頭痛，但你不會想錯過新的多頭市場。新多頭的升勢來得又快又大，很快就能收復空頭末段幾乎全部跌幅。如果你趕上空頭市場最後15％至20％的跌幅，別怕，接下來多頭市場的首波升勢，幾乎必定能讓你收復失土。

空頭市場就像一個彈簧，壓得越深，彈得越高。**圖9.1**顯示典型的空頭市場谷底和新多頭走勢。起初，大盤下跌是受

基本面惡化所驅動。許多人以為空頭市場一開始就會跌得轟轟烈烈，其實通常不是這樣。空頭一開始通常是慢慢下跌的，慘烈的跌勢往往出現在末段。到那時候，流動性枯竭（一如2008年秋季，金融危機期間的情況）及投資人的情緒蓋過了基本面——事實上，此時投資人開始陷入恐慌狀態。但恐慌通常不過是一種情緒，以及伴隨著情緒惡化而出現的流動性暫時枯竭；只是在這時候，人們往往誤以為恐慌反映了某些基本面因素。

此時股市可以跌得又急又深。但隨著市場進入新多頭階段，反彈可以來得一樣快，這是因為情況並沒有驚恐的人所擔心的那麼糟，當市場情緒改善，流動性隨之回升，股市因此急速反彈。最初的一波反彈並非受基本面改善驅動，而是因為情勢證實並未如恐慌的人所害怕的那麼慘。股市像子彈般飆升，新多頭升勢跟空頭末段一樣急，形成我所稱的「V形反彈」（另一個常見的V形現象：在空頭末段，投資人情緒令市場大幅波動向下，在此階段跌得最深的類股，在新多頭初期通常升得最多。詳見迷思19）。

這並非只是理論，歷史上有很多V形反彈的實例。有時空頭市場結束時，會出現技術分析師所稱的雙底W形態，兩個底部相隔數月。短期內那看起來像是W形，但通常很快就會變成基本的V形——W的兩個底部模糊掉了。這是為什麼呢？因為新多頭市場的升勢非常強勁。許多人常在尋找久得令人

難耐的W或L形態，但我想他們尋遍已開發市場的歷史，也找不出三個例子來。就全球股市而言，我無法找到一個長期的W或L形態。當然，可能是我的方法有錯，或是有所疏忽——有心人大可證明是我錯了，但這事實上很少發生。而無論是什麼事，如果它在歷史上很少發生，你最好有充分理由，才能相信它即將出現。

$ 典型的 V 形反彈

下頁**圖9.2**顯示全球股市上一波空頭的最後階段，以及2009年3月開始的新多頭走勢。這是一個典型的V形反彈：新多頭升勢在最初一段時間內，幾乎與空頭末段跌勢完全對稱。

這是一次正常的V形反彈。不過，某種意義上它也是異常的，因為這波多頭市場的最初升勢大得異常：自2009年3月9日至當年年底，美國和全球股市分別自谷底大幅上漲68％及73％。[15] 不過，先前的空頭也跌得很深。新多頭首波漲勢的速度與形狀，通常與空頭最後一波跌勢相稱，一如**圖9.2**所顯示，就像一個完美的V字。

---

15 Thomson Reuters，標準普爾500指數總報酬，MSCI全球指數總報酬，計入淨股息，2009年3月9日至2009年12月31日。

>>> 圖9.2　全球股市2009年的V形反彈

2009年3月9日底部至2009年12月31日之報酬率：73.0%

V形反彈

資料來源：Thomson Reuters，MSCI Inc.，MSCI全球指數總報酬，計入淨股息，2008年9月30日至2009年12月31日。

趕上多頭市場的首波漲勢，可彌補空頭市場的一大部分損失，而且很快。人腦中古老的那部分告訴我們：「糟糕！跌了這麼多！我們得趕快避險，免得一直虧下去！」如果我們真的這麼做，確實馬上就能安下心來，但很可能將因此錯過隨後出現的V形反彈，反而損失更大。

下頁**表9.1**顯示，多頭市場的初期，可以帶給投資人非常豐厚的報酬：頭3個月平均報酬達21.8％，頭12個月平均達

>>> 表9.1 多頭市場頭3個月及頭12個月的報酬非常可觀

多頭起點	多頭終點	頭3個月報酬	頭12個月報酬
1932年6月1日	1937年3月6日	92.3%	120.9%
1942年4月28日	1946年5月29日	15.4%	53.7%
1949年6月13日	1956年8月2日	16.2%	42.0%
1957年10月22日	1961年12月12日	5.7%	31.0%
1962年6月26日	1966年2月9日	7.3%	32.7%
1966年10月7日	1968年11月29日	12.3%	32.9%
1970年5月26日	1973年1月11日	17.2%	43.7%
1974年10月3日	1980年11月28日	13.5%	38.0%
1982年8月12日	1987年8月25日	36.2%	58.3%
1987年12月4日	1990年7月16日	19.4%	21.4%
1990年10月11日	2000年3月24日	6.7%	29.1%
2002年10月9日	2007年10月9日	19.4%	33.7%
2009年3月9日	???	39.3%	68.6%
平均值		21.8%	44.8%

資料來源：Global Financial Data公司，標準普爾500指數價格報酬。

44.8％，真是快又多。而且此處跟迷思5的情況不同，平均值並不會誤導人，因為頭12個月報酬總是很大——顯然某些多頭市場的報酬尤其大，但每一次均非常可觀。多頭市場第一年平均報酬是多頭市場整體年均報酬的**2倍**以上（而後者則是股市長期年均報酬的2倍，見迷思8），而多頭市場首年的報酬通常（並非總是）有超過一半是來自頭3個月！

多頭市場的初期也是不容易掌握的。有時頭3個月的升勢並不清晰，人們就很容易傾向相信這代表大多頭將永不到來，但這不過是市場迷惑人的標準招數之一。有時V形反彈的左右兩邊均呈現震盪走勢，投資人就可能覺得氣餒。但只要有一年的時間，那個V形總是能清楚呈現出來。

如果為了等待虛幻的「清晰感」而錯過可觀的多頭初期升勢，你將痛失收復空頭大部分失地的好機會。而且，你的表現將因此落後於你的基準指標。如果你已經承受了空頭市場的顛簸與挫折，多頭初期的可觀報酬便有如久旱後的甘霖。或許你未必能因此一舉收復空頭的失土，但肯定能為收復失土奠下堅實基礎。錯過這種升勢，意味著你將需要**更長時間**才能填平空頭的損失，甚至可能永遠填不平。

現實中沒有能確實顯示市場展開新多頭走勢的信號，有的話我們會知道，而所有人也都會知道。請再看看**圖9.2**（2009年的空頭底部），錯過多頭前3個月升勢可造成高昂且持久的代價。V形底部的**兩邊**均波動劇烈，你要到事後才知道

自己是在經歷空頭末段還是多頭初期的波動。你無法當下就知道，因此不要錯過可觀的多頭初期升勢，否則你將後悔莫及。

迷思 10

無論何時，堅持只投資成長股，或價值股，或小型股？

許多投資人，甚至是專業人士，青睞某種規模或風格的個股，例如大型股、小型股、小型價值股，又或者是中型成長股。他們的要求也可能更具體，例如僅投資大型科技公司、小型中西部銀行、非必需消費品中型股（而且必須是價值型德國業者）。

基金業者常提供遵循某種嚴格的規模及／或風格指引的「產品」。這完全沒問題，這是機構投資人的操作方式，已有數十年歷史。只是，機構投資人會確保自己涉足所有的風格與規模類型（大、中、小型的成長股與價值股，本國及外國股票，以及所有標準類型）。機構投資人這麼做時，通常採被動管理方式，又或者是聘請各資產類別的菁英經理人管理相關資產組合。但許多散戶，甚至也包括專業人士，誤以為他們青睞的股票類型總是最好的，未來也將繼續有最出色的表現。他們幾乎將全部資金投資在特定規模／風格的類股

上。這是一大錯誤！

$\text{\textcircled{$}}$ 追逐潮流

有趣的是，多數人總是在某些資產類別熱門了好些年後，才愛上它們。1990年代末，許多人非常熱衷大型成長股（因為該類股先前多年表現優異），尤其是那些有科技題材的大型成長股。只是不久之後，大型成長股及科技股在2000年至2003年的空頭市場中慘跌。2000年代初，小型股再受投資人追捧。然後，在2003年至2007年多頭市場的大部分時候，外國股票表現優於美股。突然間所有人都要買外國股票，不斷有人說美國已完蛋（1980年代人們也是這麼說，但美國卻在1990年代大部分時候表現突出）。然後，外國股票在2008年成了表現最差的類型之一。[16]

但我的意思是，並非熱門資產類別第二年就轉冷。不是這樣！我想說的是：有些類別表現長期領先，因此吸引了許多忠實的追隨者，他們希望相信該類別本質上就是比較優秀，而且永遠如此。但這完全是謬論！

下頁**圖10.1**看起來就像一張圖案雜亂無章的被子。它顯示每一年主要資產類別（美國大型股、外國大型股、美國大

---

16 Thomson Reuters.

>>> **圖10.1　沒有一類資產是萬古常青的**

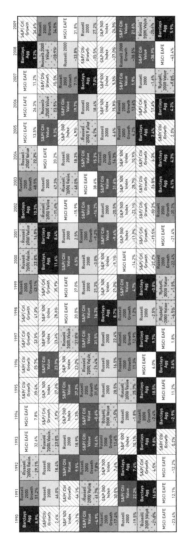

資料來源：Thomson Reuters

註：Barclays Agg為反映投資級債券表現的巴克萊綜合指數；S&P／Citi Growth代表美國大型成長股；S&P 500 Index為反映美股大盤表現的標準普爾500指數；S&P／Citi Value代表美國大型價值股；Russell 2000 Growth代表美國小型成長股；Russell 2000反映美國小型股整體表現；S&P／Citi Value代表美國大型價值股；Russell 2000 Value代表美國小型價值股；MSCI EAFE為摩根士丹利資本國際歐澳遠東股價指數。

型成長股、小型價值股，以及債券等）的績效，表現最佳者排在最上面，最差者則墊底。例如1990年表現最好的是債券（巴克萊綜合指數是投資級債券的一個指數），外國股票（MSCI歐澳遠東指數）則表現最差。代表各資產類別的格子不斷移動，有時某類資產連續幾年表現優異，但隨後就向下沉淪。沒有任何一類資產能長期領先其他資產。

　　以適當方式建構的主要資產類別，會不定期地輪替績效領先地位。但是，人們還是喜歡引用數據支持他們熱愛的類別。例如，數據的確顯示，自1926年以來，小型股績效優於整體股市！[17]這顯示小型股本質上較優——對不對呢？小型股較佳的績效，很大一部分由市值極小的個股貢獻；因為流動性及風險問題，多數投資人根本不會持有此類股票。而且，早年小型股的買賣價差極大；如果你真的買賣它們，價差會吃掉你很多報酬，但小型股指數的報酬不反映這因素。1930及1940年代是小型股表現特別優異的時期，當時相關小型股的買賣價差往往是股價的20％至30％！因此如果你真的買賣它們，你的報酬很容易化為烏有。此外，小型股通常在空頭市場結束後率先上揚，領先大盤。如果剔除小型股最大的多頭走勢（1932年至1935年、1942年至1945年、1974年至1976

17　小型股績效以Ibbotson Associates SBBI小型股總報酬指數為準，美國股市整體績效則以標準普爾500指數總報酬為準，測量時段為1926年1月1日至2010年3月1日。

年，以及2002年至2004年），大型股整體表現優於小型股，而且往往持續很長一段時間。而如果你預測市場走勢的本領那麼強，能掌握多頭市場的初期漲勢，你將有許多其他方法能打敗大盤。

如果你基於平均績效紀錄，相信小型股（甚至是小型價值股）永遠較優這種言過其實的說法，你很可能將經歷很長的沮喪期，期間你的績效大幅落後於其他資產類別（「破謬」另一招：別忘了分析平均值是由什麼構成的）。例如，從1980年代中期至2000年（很長一段時間），小型價值股表現嚴重落後。到2000年，已沒有什麼人相信小型價值股：所有人都在追捧大型股和科技股，而這幾乎恰恰是小型價值股的相反！（我承認自己一直喜歡小型價值股，它們是我的事業動力來源。我的公司仍管理著數種以10億美元計的小型股資產。但我數十年來從不認為它們是長期較優的資產。它們只是另一類資產）。

大型股也並非本質上較優，儘管大批投資人這麼認為。所有股票類別，長期而言，應產生類似的報酬，只是路徑不同。為什麼呢？主要跟供給與需求，以及投資銀行的操作方式有關。

⑤ 供給與需求（以及投資銀行）

　　一如自由市場中的所有商品，股票的價格取決於供給與需求。股票的供給近期內相對穩定。首次公開發行（IPO）及新股發行費時費力，而且必須通過監理機關重重審核。市場很早便知道新股發行時程，因此未來12至18個月內，股票供給一般不會出現顯著的意外波動。在此情況下，支配市場走勢的是需求，而需求主要受變幻無常的投資人心理驅動：投資人時而悲觀，時而樂觀，心理變化有時快得驚人（還記得迷思7提到的1998年股市急速修正嗎？投資人情緒就是可以變得這麼快）。

　　但長期而言，供給壓力蓋過一切。長期而言，股票供給可以無法預知的方式，近乎無限地擴大或萎縮——企業發行新股則增加，公司買回股票或遭收購（現金收購或槓桿收購）則減少。股票供給少不了投資銀行參與其中。2010年我撰寫本書時，投資銀行遭各界嚴厲批評，但它們在社會中有一個重要功能：協助企業獲得資本市場的服務。企業必須獲得資本市場的服務，方有資金擴展業務、創新及增聘人手，或者是在自身股價過低的情況下，買回自家股票，又或者在對手股價過低的情況下收購對方（如果你不喜歡這些東西，你可能應該換一本書看，或者去看心理醫師）。一如所有企業，投資銀行熱衷營利。它們賺錢的方法之一，是協助企業

發行新股或新債（有時則是協助企業回購股票，或是收購合併，因而令一些證券從市場上消失）。

因此，某一類股一旦變得熱門，如1990年代末的科技股，投資銀行便積極協助相關領域的公司上市，發行新股滿足市場需求；供給增加之下，該類股未來的報酬率將遭稀釋。在此同時，相關領域的已上市公司看到資金成本便宜、資本易籌，也紛紛發行新股，為研發、資本投資及併購等需求籌資。投資銀行持續替新舊業者發行新股，直到供給最終超過需求，股價下滑。

股價跌勢有時緩慢，有時凶猛。但無論如何，隨著需求下跌，熱門類股轉冷，投資銀行協助相關企業發行新股的意欲便大減。它們希望替新的熱門領域（暖而未熱也行）發行新股，增加該領域的股票供給。在此同時，在那由熱轉冷的領域，隨著企業回購股票、破產，或是遭其他公司現金收購，原本供過於求的股票逐漸為市場消化。供給可近乎無限擴大或萎縮，長期而言可蓋過需求面的所有重大變化。

企業總有籌資的誘因，投資銀行則總有協助企業籌資的誘因（協助企業發行新股，滿足市場需求，又或者是協助企業回購股票或收購其他公司），股票未來的供給是難以預測的，但長期而言有壓倒性的力量。

市場對各類股的需求變動不定，難有規律可循。十年後，投資銀行若希望發行更多科技股而非能源股，或是發行

更多小型股而非大型股，很可能並無根本原因可言。只要建構得宜，每一類股雖然路徑不同，但長期而言應將產生非常相似的報酬，因為長期報酬最終受供給的力量支配。

　　某一風格、市值規模、類別或領域的資產可能獨領風騷很長一段時間——比你預期的長，但你不應永久熱愛任何一類資產，因為領先有時，落後有時，熱門資產類別總是不停在更替。

迷思 11
詐欺高手很難辨識？

這項迷思第一部分的內容，各位應該都已耳熟能詳，其他部分則很可能較鮮為人知。2008年12月，史上最大的金融騙局登上新聞版面。柏納‧馬多夫騙走投資人650億美元。當局介入時，這些資金幾乎已全部消失，報紙與電視夜間新聞一時間幾乎滿是相關報導。

馬多夫雖然是歷來最大的金融騙子，但媒體很快就開始追蹤其他金融騙案。若不是馬多夫先出事，艾倫‧史丹佛（R. Allen Stanford）據稱主持的龐氏騙局（Ponzi scheme）雖然僅涉及80億美元，也將是史上最大的金融騙局。史丹佛出生於德州，在加勒比海小國安地卡及巴布達（Antigua and Barbuda）獲封騎士爵位。美國證券交易委員會（SEC）指控他經營一個不折不扣的「老鼠會」。史丹佛一再登上富比世美國四百大富豪榜，但原來只是虛有其表。馬多夫認罪，史丹佛則否認所有指控，目前已遭起訴，正等候審訊。情況看

來對他非常不利，因為顯示他詐騙的證據十分明確。[18]

　　規模較小的其他金融騙局於2009及2010年陸續傳出，看似沒完沒了。對受害者來說，騙案規模是大是小無關緊要，因為一旦受騙，損失基本上是百分之百。

　　媒體、投資人及監理機關不停地問：「事情是如何發生的？怎麼可能發生這種事？」馬多夫和史丹佛一直看似正派人家：他們是雇用許多員工的老闆、知名的慈善家，深受尊敬！然而事實上，許多受害者是他們的熟人，例如朋友或生意夥伴。馬多夫所屬的猶太人社群，被他騙走的錢尤其多，而且上當者包括一些老練的投資人，還有一些大型對沖基金。如果超級富有的老練投資人也會上當，人們難免擔心金融詐騙防無可防。

　　某種意義上這是正確的。因為某些原因，人們以為金融騙子只對有錢人有興趣，但事實不然。馬多夫騙案的許多受害者只是小投資人，有些只是投入數千美元，但那已經是他們的畢生儲蓄。馬多夫來者不拒，大小通吃。騙子只想盡可能騙走你所有錢，不在乎你是超級富豪還是小散戶。

---

18 編註：2012年6月，史丹佛被判110年徒刑。

$ 騙局的五個徵兆

不過，好消息是：要識破騙局其實很容易。馬多夫醜聞爆發後，我隨即寫了《投資詐彈課》（*How to Smell a Rat*），具體描述金融騙局的五個關鍵徵兆。我研究過的騙局，全部具有以下五個特徵中的至少三個（通常是更多）：

1. 你的投資顧問同時負責保管你的資產——所有騙案均如此，無一例外。
2. 對方聲稱的投資報酬保持穩定的豐厚水準，好得幾乎令人難以置信——所有騙案同樣無一例外。
3. 投資策略太過隱晦、浮誇或複雜，無論投顧如何解釋，你都無法明白——幾乎總是如此。
4. 投顧聲稱他（或她，但金融騙子以男性為主）嚴格限制會員資格，又或者以人脈或浮誇的排場分散你的注意力——那些東西其實跟投資毫無關係。
5. 你聘用這名投顧，是基於別人的推薦，或是透過某些中介，自己並未做過任何實質的審慎調查。金融騙子討厭所有想做實質審慎調查的人，會盡可能避開他們。

這些都是重要徵兆。任何一個都值得關注，儘管它們未

必代表你真的遇到騙子。不過，這五個徵兆中，最重要、最危險的是第一個——所有金融騙子無一例外地保管著你的資產。因此，如果發現徵兆1加任何其他徵兆，請馬上要回你的錢——如果還來得及的話。然後，盡可能做多次審慎調查，查明對方的底細，又或者是不再理會對方。

$ 資產保管問題最關鍵

投顧同時負責保管資產，意味著什麼？舉個例子，馬多夫的客戶委託馬多夫管理他們的資金，馬多夫可全權決定買賣些什麼，以及何時買賣。在美國，這是客戶與投顧之間的正常委託安排，我的公司以及許多優秀的註冊投顧，正是從事這種業務。但馬多夫的客戶將他們的資金存在馬多夫證券——一家馬多夫直接控制的資產保管公司。客戶將錢交給他，他拿到手後，不費吹灰之力就能將錢轉進他個人的帳戶，而現實中他也正是這麼做。

然後他捏造對帳單，數年甚至是數十年如一日。客戶要求拿回一些錢時，他就以新受害者的錢支應。這是典型的龐氏騙局，絕大多數此類騙局是這麼運作的，史丹佛據稱也是這麼做。查爾斯·龐茲（Charles Ponzi）當年正是從事這種勾當，以致這種騙局從此以他的姓氏命名。

馬多夫拿那些錢做些什麼？我不知道。看來他花掉很

多。他可能拿當中一部分做投資，有意將這些錢還給客戶，但操作失利。不過，如果他並非負責保管那些資金，他就沒辦法做這些事。或許他一開始並非有意偷錢，一如他現在聲稱的。我想許多龐氏騙局一開始也是這樣。同時負責保管資產的投資經理人個人陷入財務困境，但客戶帳戶裡有許多錢，而且是他負責保管的。於是他想：「我就拿客戶一點錢來救急好了。我看到一個絕佳的投資機會，我將錢押上去，賺了之後馬上將錢存回客戶帳戶裡，神不知鬼不覺，而且不會害到任何人。」即使他真的辦到了（我估計這種做法通常不成功，但世事難料），其實他也已經損害了客戶的利益——他對客戶負有受託人義務，必須優先照顧客戶的利益，因此如果他真的有投資「良機」，他應該先替客戶布局，而不是自己下注。

當然，更常出現的情況是經理人偷客戶的錢，押在他認定的投資良機上，結果卻輸大錢。此時問題就大了。經理人重施故技，這一次賭得更大（通常是冒更大風險），希望將錢賺回來。他情急拚命了。輸了幾次之後，他知道自己已陷得太深，無法回頭。一旦客戶要求贖回時，他就以新客戶的錢支應，將問題拖延下去。在此同時，他必須捏造對帳單，好將所有人蒙在鼓裡。然後問題越滾越大。最後，他基本上只做一件事：吸收新客戶，以便有錢支應老客戶的贖回要求；而他的主要動機，就是防止騙局遭揭穿，避免鋃鐺入

獄。

　這種醜聞通常是在市場重挫時爆發，一如2008年的情況。此時市場一片恐慌，大量客戶要求贖回，而騙子則很難招攬到新客戶，最後他再也沒有足夠的錢把戲演下去。2008年爆出的金融騙局，便是這樣。

　在馬多夫的個案中，他是靠捏造績效來取得客戶信任。但因為2008年的大空頭，太多客戶同時要求贖回，他應付不來，騙局也遭揭穿。這是很典型的情況。他被空頭市場淘汰出局。就我所見，金融騙子通常最難通過空頭谷底的考驗。

　其實這問題不難解決。你委託投顧代你投資時，不要讓他們同時保管你的資產。只要你能將資產保管與投資決策分開，你就能避免成為此類龐氏騙局的受害人。堅持將你的資金存在完全獨立於投顧之外、信譽良好、知名的大型資產保管公司，像是Pershing、美國銀行、摩根士丹利美邦、嘉信理財（Charles Schwab）、富達（Fidelity）及瑞銀（UBS）。然後書面授權你的投顧（跟資產保管公司無關聯）運用該帳戶的資金作投資，但不能提走帳戶裡的錢。保管人持有你的資產，並替你監督投顧的操作。這種分權安排促使投顧規矩行事，令你免於上當受騙。

　大型區域型資產保管公司只要是有信譽的，也可以。你應該將錢匯到一個你個人名義（或是與你配偶聯名）的帳戶，又或者是寫一張支票，但必須是寫給自己的帳戶，不要

將資產混在一起。這樣的話，你的投顧就無法挪用你的資金，而且也幾乎不可能與保管人串謀偷走你的錢（在美國，許多資產保管公司購有超過證券投資人保護公司〔Securities Investor Protection Corporation〕一般要求的保險，如果你因為它們的疏失而受損，可獲得賠償）。

　　好在大多數投顧並不同時保管客戶資產，而是將這責任交給獨立保管人。我創辦自己的投資公司時，特意避免保管客戶的資產，免得客戶可能因為我的員工變成無賴而受害，而這也是為了確保我自己無論遇到什麼事，也不可能變成馬多夫！現在有些投顧有很多理由選擇同時保管客戶資產，例如這樣可簡化會計作業。但在我看來，獨立保管人帶給客戶的保障，加上防止投顧腐化的好處，遠超過那種小便利。而美國證券交易委員會看來與我所見略同。自2009年起，美國證券交易委員會開始較嚴格檢查那些既負責投資又保管客戶資產的投顧。真是做得對！

　　保護自己其實很容易。並非每一位保管客戶資產的投顧均是金融騙子，但我見過的此類騙子，每人均直接掌管客戶的資產。記得，不要將你的資產交給他們。

第二部

華爾街「偽智慧」

人們向來喜歡痛批華爾街，有時這甚至是全民運動。2008年至2010年間，痛批華爾街取代棒球，成為美國人最熱愛的運動。它甚至走向全球，取代了足球的地位。

但這真的很可笑。危機之後，我們總是想找到代罪羔羊。「華爾街」是很明顯的目標，因為那裡的成功人士賺錢極多；拿著乾草叉的人，通常以富人為目標。我個人認為，有能力賺大錢是好事，你應該也是這麼想的，否則你就不會看這本書。

華爾街確實有其社會功能，即協助企業取得必要的資本，以便擴展業務，增加未來的盈利。盈利成長是好事，畢竟股東價值可因此成長，職位可因此增加（所有人都希望找到工作），而且產品可因此變得更富創意、更便宜、更快、更小巧（有時是更大）——這全都是好事。

這並不是說證券經紀及金融服務業沒有問題。我將我的公司設在遠離「華爾街」（實際及象徵意義上的）之處，是刻意如此。我公司的總部位於山上，被紅杉林環繞，俯瞰太平洋。從總部辦公室的窗戶望出去，看到的是大樹，而不是隔壁大樓的玻璃與鋼鐵。

為什麼我要將辦公室設在2000英呎高的山頂？在我看來，金融服務業主要受產品導向的銷售驅動，充斥著利益衝突的可能，於是有意無意間可導致許多有害的謬誤。事實

上，「華爾街」的運作方式有時會促使你失敗，而華爾街「智慧」往往並不明智。

金融業務人員賣產品（股票、債券、基金、選擇權、大宗商品，諸如此類）給你，通常能獲得佣金。產品隨後是漲是跌，未必影響他們的薪酬。產品在你很長的投資期限（多數讀者的投資期限是很長的）中表現如何，肯定不是絕大多數金融業務人員關心的事。這其實並不違法，但可能代表你和業務人員的目標不一致。

我並不是說金融業務人員很壞，不是這樣！他們多數是好人，是辛勤工作的體面人（當然有害群之馬，每一行都難免有一些）。金融業散播錯誤資訊，未必是他們的錯。例如，許多產品是特別設計來令投資人短期內感到「安全」的（迷思12、13、14、15、16）。看完第一篇，你應該知道，直覺可能是你投資的頭號大敵——這些產品的「安全」概念，長期而言極富爭議，有些根本就是謬論。但如果你是倚賴佣金收入的業務人員（金融業內大部分業務人員均如此），處理客戶短線的焦慮（或貪婪），要比協助他們著眼長線容易。畢竟長線是很久很久之後的事，而業務人員是每個月都必須繳房貸的。

華爾街擅長銷售產品，但有時可能紀律欠佳。也就是說，投資人即便是奉行最簡單、低成本、（看似）明顯不過的策略，也可能成為短線思維的俘虜，蒙受慘重損失（迷思

17、18）。

　　令情況更混亂的是，華爾街盛產貌似真理的謬論，它們以看似聰明的「學術腔」呈現，令投資觀念倒退數十年（迷思12、13、14、19、20、21、22）。唉，在媒體影響下，業內多數人虔誠地奉行一個過時、無可補救的基準指數——愚昧的道瓊工業指數！（迷思23）希望你看過本篇後，不會像他們一樣。

　　因此，我們應讚頌華爾街（無論它實際位於哪裡）的強大功能：它幫助企業取得必要的資本，令資本體制威力驚人的引擎得以持續運作。但我們也必須提防華爾街可能出現的利益衝突，藉由「破謬」看清問題。接下來，我將告訴你該怎麼做。

迷思 12

停損，就可以停止虧損？

停損！聽起來真好。誰不想停止虧損？一了百了！遺憾的是，停損不能保證你不虧損。你停損了，還是可能虧錢的，而且可能虧大錢。停損也可能令你賺不到未來的盈利，甚至付出更多交易費用，導致你必須納稅，令你比按兵不動少賺許多錢。將停損改稱「止盈」（stop-gains），其實更準確。長期及平均而言，我們不難證明停損其實害人虧錢。

⑤ 停損的原理

停損是一種機械式操作方法，例如你向你的經紀商下一張停損單，在價格跌至某一水準時，自動賣出一檔個股（或債券、指數股票型基金〔ETF〕、共同基金，以至股價指數期貨）。停損點是你隨意選定的。人們通常選擇整數，如「比

買入價低15％」，又或者是低10％或20％，這沒什麼道理可言，因為人們就是喜歡整數。他們其實可以選13.46％或17.11％，但沒有人這麼做。當股價跌至停損點時，股票就會被賣掉。不必怕價格暴跌80％，也不會有災難。

聽起來很好，對吧？只是，**停損其實無法真正幫助投資人停損**。如果平均而言，停損是一種賺大錢的操作方式，每一個專業基金經理人皆會這樣做，但這麼做的經理人很少。據我所知，績效長期優異的大牌基金經理人，沒有一位是經常使用停損這種操作方式的，連偶爾使用都沒有。

停損行不通，因為股價並不是序列相關的（serially correlated）；也就是說，股價走勢本身並不預示未來的走勢。昨天的走勢，完全不影響今天或明天的走勢。人們喜歡停損，是因為認為股價一旦出現某個水準的跌幅（7％、10％、15％、17.11％，隨便什麼幅度），就很可能繼續跌下去。錯！請好好想想：如果股價走勢真的決定隨後的走勢，你只需要買進已顯著上漲的個股，就能穩賺不賠。但你不用想也知道，這顯然行不通。一檔個股價格大幅上漲之後，有時繼續上漲，有時下跌，有時橫向盤整。你知道這是事實。那麼，為什麼換成股價下跌，人們就糊塗了呢？

市場上的確有一派人相信「動能投資法」（momentum investing），他們相信股價走勢能預示未來走勢（但大量學術研究顯示事實並非如此）。動能投資派買進上漲股，賣掉下

跌股。他們分析圖形，希望找到某些型態。但是，動能投資派的平均績效並不比其他投資派別優秀。事實上，他們多數表現較差。你能找出五個動能投資派傳奇人物嗎？一個也找不到吧！

$ 隨意的停損點

　　如果你不聽我的建議，也不信基金業的標準提示：「歷史績效並不預示未來的報酬率」，執意要做停損，那麼你將如何設定停損點？你設定的原因何在？假設你選擇比買入價低20％為停損點，只因為你喜歡20這數字（這理由其實不比其他理由差），那麼待股價跌至你的停損點，繼續下跌或止跌回升的機率基本上是一半一半。因此，你的停損操作就像是靠拋錢幣做決定，這顯然是不明智的（見下頁**圖12.1**）。

　　例如，假設你的股票跌了20％，觸發你的停損單開始執行，你因此賣掉該個股。但其實該個股只是緊隨大盤向下修正而已，並不是該股本身有問題──這種跌勢完全沒問題！結果你在相對低位賣掉股票，付出手續費，然後手持現金，而股市隨後快速反彈。你很有可能來不及重新進場，而賣掉的個股及大盤就已大漲，結果你買在高位、賣在低點。哎呀，這種事常發生。

　　又或者是，你的股票下跌，是因為該股傳出一些壞消

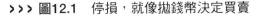

>>> 圖12.1　停損，就像拋錢幣決定買賣

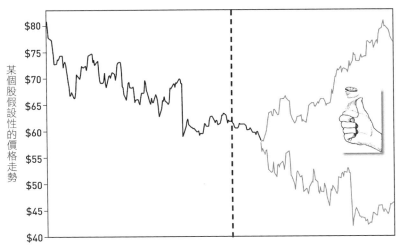

註：僅作說明之用，勿以為是一種預測。

息。你賣掉股票，手持現金，然後該買什麼呢？你能保證自己買進的股票一定漲嗎？假設你買了另外一檔個股，同樣設定20％停損。然後該股下挫，又觸發停損單執行。你可以一直玩這遊戲，每次跌20％就停損，最後你會輸掉全部的錢。停損不能擔保你接下來買進的股票將上漲。

　　也有可能是，你停損賣出的個股止跌回升，接下來一年大漲80％，而你卻錯過了！你賣在相對低點，付了兩次手續費，然後錯過大漲。或許你當初告訴自己，一旦問題過去，

你將買回原本持有的股票，但我認為這想法不切實際。如果你是藉由停損單自動賣出，你將仰賴哪些基本面因素去決定何時買進？

讓我們再換個方式以說明問題。假設你以每股50元的價格買進XYZ個股，然後該股大漲至100元。然後你的朋友鮑勃買進該股，結果它跌至80元，也就是跌20％。你和他都應該賣掉手上的股票嗎？還是只有成本較低的你該賣？還是只有鮑勃該賣？

停損操作唯一確定的事，是增加你的交易成本（這無疑是某些券商致力推廣這種操作的原因）。沒有證據顯示停損是較佳操作方式，它們不過是神經兮兮的投資人的安全毯[19]。只是，安全毯是無害的，而停損卻像有毒的奶嘴。還是忘了這種操作方式吧。

---

19 譯註：給小孩抓摸以消除緊張的東西。

迷思 13
掩護性買權是好東西？

「掩護性買權」（covered calls），光是名字就叫人安心，即使你連它是什麼都不曉得！誰不想獲得掩護呢？大家會說：「嘿，老兄！別擔心，我會掩護你。」或是：「如果你覺得冷，找件東西蓋（cover）一下。」聽起來就讓人安心。

確切而言，掩護性買權是指手握股票多頭部位的人，同時賣出股票的「買權」（call option）。許多投資人喜歡這麼做，是因為他們可以藉由賣出股票買權，馬上獲得權利金收入，而且賣出買權風險不大——如果在選擇權到期前，股票市價漲逾買權履約價，你只需要將手上的股票交出去。這就是所謂「掩護」的意思。聽起來很安全，不僅能獲得額外收入，而且風險看來很低！還有比這更好的事嗎？券商通常就是這麼推銷掩護性買權的。

在此同時，喜歡掩護性買權並認為它們很安全的人，多

數會很確定地說：「無掩護賣權」（naked puts）風險很大。獲得掩護是安全的，無掩護（即裸露）則危險得很！裸露聽起來就叫人不安。「嘿，老兄，你正裸露在大家眼前。」又或者是：「我本來覺得很暖和，直到我裸露在雪中。」但裸露與掩護其實不是你想的那樣，也不是多數投資人想的那樣。我將向你證明，掩護性買權和無掩護賣權實際上完全一樣——儘管我認識的掩護性買權操作者，沒有一位認為是這樣。

無掩護賣權，是指你賣出一個賣權（因此你同樣能獲得權利金收入），但你在標的證券上完全沒有部位，這就是無掩護（裸露）之意。可能只有天體愛好者才不怕裸露吧。無掩護意味著你的損失可能等於履約價減權利金收入，因為履約價通常遠高於權利金，無掩護賣權可能令你損失慘重。

⑤ 掩護性買權等同無掩護賣權？

那麼，掩護性買權安全又明智，無掩護賣權則危險又愚蠢，對吧？錯。儘管看似不同且許多人認為確實不同，推算一下，你就會發現，**掩護性買權與無掩護賣權實際上是一樣的**。但無論我跟掩護性買權的愛好者講多少次，他們從不推算，從不認清事實，從不相信我說的。

下頁**圖13.1**顯示掩護性買權履約時，可能出現的盈虧情

>>> 圖13.1　掩護性買權可能出現的盈虧

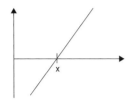 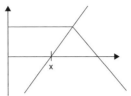 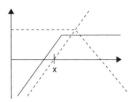

（a）持有股票S的盈虧：盈虧視乎該股市價，理論上盈利可以無限大，而虧損則等同買入成本。

（b）賣出買權的盈虧：盈利僅限於賣出買權得到的權利金，虧損則隨股票S市價上升而擴大，理論上可以無限大。

（c）掩護性買權的盈虧：股票S市價超過X，盈利即受限於某一金額；股票S市價下滑，投資人仍可能蒙受虧損。

況。和所有選擇權部位一樣，履約可能產生的盈虧是已知的。橫軸顯示履約時的股價，縱軸顯示履約帶來的盈虧。X為選擇權的履約價。

　　即使你手上的股票價格不斷上漲，掩護性買權的盈利還是固定的。盈利受限，是因為若你賣出的買權履約，你**必須**將手上的股票交出去。更糟的是，你仍得承受持有股票的全部跌價風險——當然，你的損失會因為賣出買權的所得而縮減。盈利有限，虧損則近乎無限，現在你還覺得掩護性買權很好嗎？

　　這麼一說，掩護性買權就有如無掩護賣權，而事實正是如此！兩者毫無差別。金融理論告訴我們，風險與報酬相同的兩檔證券，其實是同樣的證券，如下頁**圖13.2**所示。

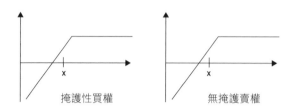

>>> 圖13.2　掩護性買權與無掩護賣權

掩護性買權　　　　　　　　無掩護賣權

　　以為掩護性買權安全、無掩護賣權危險的人是騙了自己。掩護性買權的安全性，只是你以為而已。那麼，既然兩者完全一樣（風險與報酬皆相同），為什麼人們會認為它們不同呢？在行為財務學上，這是一種標準的認知錯誤。因為呈現方式不同，人們可能對相同的資訊有不同認知。因此，認為掩護性買權比無掩護賣權安全的投資人，不過是被資訊呈現方式誤導而已。

　　因此，如果下次有人建議你做掩護性買權時，你可以說：「不，我還不如做無掩護賣權！」因為事實的確如此。

迷思 14

定期定額法可以降低風險，提升報酬？

什麼是定期定額法（dollar cost averaging）？這是指分散進場時間，每次投資一小筆錢。但401（k）退休儲蓄計畫[20]不正是這樣嗎？每月存一筆錢進自己的退休儲蓄帳戶裡，每年的儲蓄額通常是法規允許的上限（多數美國人應該都是這麼做的）。

兩者不盡然相同。人們每個月存錢進401（k）帳戶，因為他們通常現金不足，無法一個月就將整年的儲蓄額存進帳戶。此外，美國國稅局對401（k）帳戶每年的儲蓄額設有上限，人們因此被迫分許多年儲蓄。定期定額法則不同，它是指人們即使有一大筆錢可以投資，也選擇不一次全部投入，而且在相當長的一段時間內，一小筆一小筆地進場。這操作

---

20 編註：美國政府於1981年推出之延後課稅的退休金帳戶計畫，該計畫允許公司職員提撥部分薪水至個人的退休帳戶直到離職，近似台灣的勞退基金。

方式的原理，是你能藉此避免在某個「壞」日子，一次投入全部資金。若採用單筆投資法，你可能意外買在相對高點，也就是剛好在市場大幅修正前進場，更糟的則是買在多頭市場的頂點。大家都不希望「買在高點」。定期定額法降低了一次全買在高位的風險，因為你的成本是分散投入的。

沒錯，它的確能做到這一點。但這真的能提升你的長期報酬率嗎？很可能不行。但它肯定會提高交易成本，光是這一點，就足以損害你的投資績效。

$ 定期定額法帶給券商豐厚的手續費

定期定額法流行有時，失寵有時。股市持續勁漲時（如1990年代末），投資人通常會忘了對買在高點的恐懼。股市處於或剛過空頭走勢時，投資人特別膽怯，此時定期定額法往往再受追捧。股市好景時，鼓吹定期定額法的，通常只剩下為了佣金不擇手段的券商：他們希望你採用定期定額法而非單筆投資，是因為前者帶給他們的收入大得多（證券經紀這一行有許多體面的好人——大部分皆是！但在一個仰賴佣金的行業裡，自然會有一些人竭盡所能地提升自己的佣金收入）。定期定額法可大幅增加券商的佣金收入。相對於大筆買賣，小額交易佣金費用占交易額的比重，往往高得多。因此，如果你捨棄單筆投資而選用定期定額法，你付給券商的

總佣金將顯著增加。

　　不過，站在風險管理的角度，多付一點手續費或許是值得的。只是，大量研究已證實，定期定額法既不能降低風險，也無法改善報酬。約15年前，麥可‧羅哲夫（Michael Rozeff，前美國水牛城大學財務學教授）就此做過一項特別全面的出色研究。他研究的時段為1926年至1990年（未包含1990年代的大多頭走勢），比較每年單筆投資以及分12個月平均投入股市的績效。結果發現，三分之二的時候，單筆投資的績效優於定期定額，這跟定期定額法的提倡者所期望的，或媒體通常宣稱的恰恰相反。而且在這整段時期，單筆投資的年均報酬率，比定期定額法高1.1個百分點──年復一年，這可造成極大的績效差異。[21]

　　我的公司最近也做了類似分析，得到的結論相似。我們研究的時段為1926年至2009年，以20年為投資期限，比較單筆投資（一開始就全數投入）及定期定額（將錢分12等分，在頭12個月逐月投入，並假設未投入的部分獲得現金報酬率）的績效。結果發現，**單筆投資在69%的時候表現較佳**。這還未計入定期定額法較高的交易成本，計入的話對單筆投資必定更有利。雖然大家不想相信這結果（尤其是在經歷了

---

21 Michael S. Rozeff, "Lump-Sum Investing Versus Dollar-Averaging," *Journal of Portfolio Management* （Winter 1994）, pp. 45-50.

2007年至2009年的慘烈空頭市場後），但事實就是如此。

許多人誤以為2000年至2009這十年股市持平，因為整體而言，十年結束時，股市幾乎是站在原地。錯！市場在這十年中其實大起大落。此外，因為看到過去十年股市大致收平，許多投資人認為未來十年，大盤也將「持平」。

又錯了。世界上沒有人能預測這麼久的股市走勢，迄今還沒有（原因可參考迷思10及20）。而且，市場剛出現的走勢，對預測未來走勢並無作用。不過，即使在市場持平時期，定期定額法其實也完全無益。手持現金所得的利息，通常會被較高的交易成本抵銷掉。只有在你知道市場接下來將下跌時，定期定額法才有用。但如果你能準確預測市場走勢，你還需要採取定期定額法嗎？

簡而言之：長期而言，單筆投資績效較佳的機率大得多。雖然並非年年如此，但已足以令定期定額法顯得毫無道理。原因很簡單：股市升多跌少。相對於致力規避短期震盪，你留在市場較長時間，通常可獲得較豐厚的報酬。

多數投資人會接受這說法，並承認長期而言，關鍵在於留在市場中的時間長短，而非準確預測市場走勢。那麼，為什麼面對這種基本事實時，人們就會忽然間變糊塗，認為定期定額法較佳呢？很簡單，原因我已說過，而且在接下來的章節中還將一說再說。當投資出現虧損時，人們感受到的痛苦，強度往往是獲得類似幅度盈利時的快樂的2倍以上。如果

某種操作方式能降低犯大錯（因此短期內受大苦）的風險，即使其長期績效較差，許多投資人還是樂於採用。

畢竟在股市處於高位時，將自己的錢一次投入，可會令人悔恨不已。人皆討厭悔恨的感覺，有時候投資人會光是為了避免悔恨之苦，就會做出極其怪誕無理的事：可能因此付出不必要的交易費用，並損害長期投資績效。這是不理智的行為，但確實會發生。不過，你可以避免墜入這種陷阱，辦法是謹記一件事：你的情緒，永遠是投資的頭號敵人。

即使你真的做了一次時機極差的單筆投資，也請記住：長期而言，多頭市場將幫你收復失土（見迷思8）。相對於空頭市場，多頭市場漲幅更大，持續更久——未來很可能也將如此。簡而言之：定期定額法無法產生人們期望的效果，最大的受益者很可能是一心想要增加佣金收入的券商。因此，請大家跟著我複誦一次，像唸詩那樣：「不要受定期定額法迷惑。」

變額年金險只有好處，沒有壞處？

　　一直以來，有人指責我對變額年金險（variable annuities）太苛刻。好吧，我道歉。我向每一位荷包滿滿的投資人道歉：對不起，我在公開發表的文章中，對變額年金不應只是苛刻，應該超級苛刻才對。我應該更努力提醒大家，這東西買不得（希望你還沒買）。對高淨值投資人（及許多其他投資人）來說，很少金融商品比變額年金——尤其是股市連結年金險（equity-indexed annuities）——更糟的了。有人說，投資人購買此類年金險，是以較低風險獲得類似大盤的成長的「安全方法」，但這實在是不折不扣的胡扯。

　　首先，年金險是保險契約，其品質因此端視承保公司而定。2010年及隨後的投資人將清楚記得：保險公司是會倒閉的，而且現實中確有實例。你光顧的保險公司若破產，你的年金險契約很可能就變成一張廢紙，你已繳的保費則化為烏

有。

　　這跟投資股票與債券截然不同。證券經紀公司一樣可能破產，但不影響你擁有的上市公司股權（除非你剛好是破產的經紀公司的股東，這樣的話，你的持股很可能變得不值分文。不過，如果你遵循迷思32中提到的基本投資規則，不讓任何一檔股票的價值超過整個投資組合的5％，你就不會因為一家公司破產而損失慘重）。你擁有那些股票與債券，也就是券商（或銀行）不過是一個透明的撲滿。你可以輕易將這些證券轉移至另一家公司保管，在網路年代，這是輕而易舉的事。但如果承辦年金險的公司破產，你可能失去自己所投入的全部資金。切記這一點！

⑤ 年金險的兩種基本類型

　　此處我想講年金險的兩種基本類型：固定與變額。**固定年金險**（fixed annuities）很簡單：你定期或一次繳付某個數額的保費，保險公司則保證從現在或未來某個時候起，定期付錢給你，直到你過世。這種金融商品的設計邏輯是，你壽命越長，可領越多錢。保險公司的精算師會估算你的預期壽命，如果你活不到預期壽命，保險公司將能賺到你的錢。如果你比預期短命得多，保險公司將大賺；如果你比預期長命得多，賺的就是你。固定年金險就是這麼簡單。另一風險，

是保險公司可能倒閉，害你領不到它保證的給付（這點我們已講過了）。

另一風險，是你付出的保費——它們稱為「保費」（premiums），是有原因的——本質上是為某種契約付出的費用。保費一旦付出，就是屬於保險公司，而不是你。假設你買了一份固定年金險，一次繳付100萬美元，而幾天後你就不幸在交通事故中身亡。你還來不及領取年金，而你的家人也將拿不到錢，因為那100萬美元已經是保險公司的。當然，如果你的合約包含死亡給付（這實際上就是壽險了，你必須為此付出保費，而壽險單獨購買幾乎總是比較便宜），你的家人將可拿到一些錢，但很可能遠低於100萬美元。而如果你的合約含遺屬條款（保費當然會比較貴），你的配偶或許也可獲得給付。儘管如此，如果你的家人持有的是100萬美元而非一份保險合約，情況很可能好得多。

不過，固定年金險通常不會增值，保險公司極少會將它們作為股票或債券的替代品，推銷給高淨值投資人。**變額年金險**則不同，保險業者常吹噓它們是資金增值的安全管道，購買後不必擔心金融市場的跌價風險。但現實中並無這種免費午餐。變額年金險，多數是由一般共同基金包裝而成的保險合約，費用高得驚人，增值潛力非常有限。在我看來，直接購買那些共同基金還比較划算。

$ 費用及稅賦問題

　　沒錯，有些年金險可讓投資人享有資金增值遞延納稅的好處。奇怪的是，許多投資人透過他們的個人退休帳戶（IRA）購入並持有此類年金險，且他們的帳戶裡通常還有許多奇奇怪怪的東西（這有如愛斯基摩人買冰塊；IRA中的資金，本來就享有遞延課稅的好處，實在沒有必要為此原因購買年金險）。

　　更糟的是，你獲得的年金給付，通常被視為所得，你因此必須按一般所得稅率納稅，而不是按長期資本利得稅率（對多數投資人來說較低）。此外，年金險的死亡給付可能是完全應稅的，跟傳統壽險的給付不同。簡而言之，年金險的稅務問題可能令人混淆，無論你是在哪一種情況下購買，最好是諮詢稅務顧問的意見。（更多費用！）

　　了解一項金融商品是否對你不利的方法之一，是看經紀或業務員收取多少服務費（這也是簡單的「破謬」術之一）。年金險業務員賣出年金險，往往能馬上獲得高得嚇人的銷售佣金。業務員的銷售佣金越高，對買家通常越不利。金融業者支付業務員高額佣金，是為了賣給你一些對你非常不利的商品；一般情況下，你不會想買這種商品，而如果你真正了解它們，你永遠不會買。變額年金險的佣金，通常是總資產的6％至10％，[22] 甚至可能高達14％。[23] 換句話說，如

果你購買100萬美元的年金險，業務員光是銷售佣金，就可能拿到10萬美元或更多，甚至高達14萬美元！而且在未來多年，這名業務員還可能獲發年度佣金。保險公司必須支付業務員這麼高的費用，是因為這種商品極難銷售。它們極難銷售，是因為它們對你非常、非常不利。不妨這麼想：你買這樣一筆年金險，付出的手續費足以支持業務員的孩子念完大學。這是你想做的事嗎？是的話，你不如直接拿錢給他，然後另外安排你的投資策略。這樣還對你更好。

有些人可能會說：「但我的年金險並不收取認購費！」或許是吧，但賣年金險給你的人仍獲得非常豐厚的報酬，而這些錢，當然不是天上掉下來的。

還有，變額年金險必須付出昂貴代價，方能解約。多數變額年金險會設定一個「解約期」：一開始解約費很高，隨後逐漸降低，例如第一年的解約費可能是7％，第二年6％，第三年5％，諸如此類[24]（業者這麼做，是為了留住你，好讓你支付保費，直到它們能收回支付給業務員的佣金，並開始有利可圖）。

此外，持有變額年金險同樣必須付出高昂代價。下頁**表15.1**顯示變額年金險的典型年度費用。光是為了有幸持有變

---

22 AARP.org.
23 Bankrate.com.
24 2009 Annuity Factbook.

>>> 表15.1　變額年金險典型的年度費用

費用	數額
基金費用	0.94%
死亡及其他風險費用	1.21%
行政費	0.16%
分銷費	0.09%
總計	**2.40%**

資料來源：晨星公司（Morningstar），2008年數據。

額年金險，投資人每年平均得付出2.4％的費用。如果你持有變額年金險，是為了資金有所增值，同時規避跌價風險，這2.4％的年費是你達成目標的一大障礙——你每年都犧牲很大的升值空間。這麼說吧：你會買一檔年費達2.4％的共同基金嗎？美國投資研究機構晨星公司（Morningstar）的資料顯示，共同基金的年度費用，平均約為1.2％。[25] 變額年金險的費用，是它的2倍！

而且，這些費用日積月累，影響更可觀。下頁**表15.2**顯示費用高低的差別：假設年均報酬率10％（約為股票的長期

25　晨星公司2008年的資料。

>>> 表15.2　費用對報酬的影響（投入100萬美元）：
　　　　　嚴重妨礙資產增值

投資工具	投資期限	年均報酬率	年度費用	期底金額
變額年金險	20年	10%	2.4%	$4,138,568
共同基金	20年	10%	1.2%	$5,284,262

本例子僅作說明之用，無意預測任何投資工具的實際費用與報酬率，兩者均是變動的。

平均報酬率），一邊是年度費用1.2％（共同基金的平均水準），另一邊則是2.4％。

同樣投入100萬美元，經過20年後，因為較高的費用，被吃掉的報酬可不是小數目──在我們的例子中，差別超過110萬美元。此外，別忘了你還必須為變額年金險支付巨額認購費用，以及在你理智恢復清醒想要解約時，還必須付出昂貴的解約費（假設你還處於解約期）。而且，上例是假設年金險的投資績效，跟你自由投資的表現相同。而實際上，你的年金險提供的投資選擇是非常有限的。

記住，絕大多數時候，變額年金險基本上是投資共同基金。若股票未來長期年均報酬率為10％，每年2.4％的費用，等同你每年犧牲24％的報酬。年金險投資的共同基金，表現必須真正優異，方可彌補你的犧牲。巴菲特就曾說：「若股

票每年的報酬是10％，而你必須額外付出1％的費用，你必須比整個市場的平均水準聰明10％，方可彌補額外的費用。」你覺得那些共同基金經理有多聰明呢？

我有一位曾離婚五次的老友，他現在知道自己沒有選擇賢妻的眼光。他對以下這句老話深有體會：「下次我想結婚時，我就去找一個日子久了我將非常厭惡的女人，然後送她一間房子。」如果業務員向你推銷變額年金險時，你可以採取類似做法：找一位你想資助的業務員，算一下他的小孩完成大學學位需要多少錢，將這筆錢送給他，然後選擇別的投資管道。

保險業務員向你推銷時，變額年金險聽起來可能像房子那麼安全；在某些情況下，此類商品的一些保險條款或許能保障你的利益（前提是保險公司不破產）。但是，作為投資增值的一個另類選擇，無論你能從變額年金險獲得多少報酬，你很可能還是因為昂貴的費用而犧牲很多。要獲得中規中矩的報酬，你可輕易找到比變額年金險更方便、更高效、更易變現的投資工具，而且不必承受保險公司破產、害你失去一切的風險。

迷思 16

股市連結年金險，優於一般年金險？

如果你是跳著看這本書，還沒看講變額年金險的迷思15，請先讀那一章，再回來這裡。這兩章是相連的，像上下鋪那樣。年金險公司知道，年金險很不好賣（這就是為什麼業者付很高的佣金給業務人員），而投資人也逐漸發現，他們付出高昂的費用，卻僅得到差勁的報酬。業者因此創造股市連結年金險這項新產品，宣稱比標準變額年金險有更強的增值潛力。很好，但真的是這樣嗎？此類年金險有兩種基本類型。

⑤ 第一類：最低報酬保障？

業者保證某個最低成長率（例如6%），而且投資人能完全享受股市上漲的好處。誰不想享有最低報酬保障加無限的上漲利益？

問題出在保險連結投資令人混淆的產品設計上（切記：年金險首先是一種保險契約）。股市連結年金險保障的，是**收益基礎**（income base）的成長率，而不是實際的**帳戶價值**（account value）——後者一如其他投資工具，隨市場波動起伏（儘管你必須為年金險支付遠為高昂的費用）。除非你決定放棄帳戶擁有權，開始基於收益基礎的規模，定期獲得給付，否則收益基礎其實意義不大。

問題是，購買此類年金險的投資人，多數不打算放棄帳戶，收取給付。他們購買時，可能是視之為共同基金「較安全」的替代品——但是，成長保證可能不適用於他們關心的年金部分！你必須閱讀並理解晦澀難懂的年金險合約。這很困難，因此那些條款本來就很難懂。

⑤ 第二類：不必承受跌價風險？

享受股市上漲的好處，而且不必承受跌價風險！業者通常保證投資人能享受股市漲幅之75％至100％，下跌時則可置身事外。業者還可能保證某一水準的收益基礎成長。

此類年金險的問題在於通常設有報酬率上限（規定隱藏在細節中），長期而言，這將令其績效遠不如大盤。

例如，一檔年金險若承諾100％指數參與、3％最低報酬保證，以及10％年度報酬上限，聽起來可能很好。畢竟，股

市長期年均報酬率也只是10％左右，因此你並未犧牲多少，對吧？不，別忘了迷思5。平均報酬率實際上並非正常的報酬率。相對於中規中矩的上漲10％，股市更常出現的情況，是大漲或大跌，而保險公司是知道這事實的。畢竟，它們做生意，是為了賺錢，因此致力確保年金險合約明確地對它們有利。保險公司賺錢，是完全沒問題的！一般來說，較多企業賺錢而非虧本，對世界、對社會均是好事。不過，別以為保險公司為客戶提供報酬是出於善心。對它們來說，這是商業交易，是設計來讓它們賺錢的。

下頁**表16.1**顯示兩種投資方式的結果。其一是投資100萬美元在標準普爾500指數上30年（至2009年底），其二是投資一個假想的年金——100％指數參與、10％年度報酬上限、3％最低報酬保證（類似許多股市連結年金險）。10％年度報酬上限嚴重損害投資績效，令同期標準普爾500指數年均11.2％的報酬率，降至僅7.6％。[26] 30年下來，這令投資人損失逾1500萬美元。

某些年金險使用的另一個伎倆（非常惡劣，它們多數如此），是將績效與某個不含股息的指數掛鉤，這長期下來可造成極大差別。例如從1926至2009年，標準普爾500指數含股息再投資的年均報酬率為9.7％，不含股息則僅為5.5％。[27] 為

---

26 Global Financial Data, Inc.

>>> 表16.1 標準普爾500指數vs.假想的股市連結年金險
（設有報酬上限）

投資 工具	投資金額 （1979／12／31）	投資 期限	年均 報酬率	期底金額 （2009／12／31）
標準普爾 500指數	$1,000,000	30年	11.2%	$24,401,353.46
假想的 年金險	$1,000,000	30年	7.6%	$9,110,002.72

此例僅作說明之用，並非反映某個真實年金險的報酬率，也並非預測標準普爾500指數任何時段的表現。
資料來源：Global Financial Data公司，標準普爾500指數1979年底至2009年底總報酬。

什麼不將股息算進去呢？這是投資人總報酬正常的一部分——但許多年金險投資人就沒這麼幸運了。

那麼，為什麼會有人要買這種年金險呢？不曉得，我一直都無法理解箇中原因。有些人說，他們可從這些產品中得到一些好處，例如壽險保障。是，但要獲得這種好處其實有一百萬種更好的方法，例如直接購買壽險！定期壽險便宜得不得了。集合多種目標的金融商品，例如宣稱提供「成長、保本及壽險」的商品，通常只是一種昂貴的大雜燴，無法真

---

27 同上。

正滿足任何一個目標。

　　有關年金險的壞處，我還可以一直講下去，但我不打算這麼做，因為我不想寫一本500頁厚的書。記住：請非常仔細地閱讀契約。此外，各位請想一想，購買年金險要付這麼多費用，那麼從其他投資管道，以低得多的費用獲得好得多的績效之機率有多高？（答案提示：非常高。）

迷思 17
被動型投資很簡單？

被動型投資（passive investing），是指你追求跟某個指數相同的績效——可以藉由投資指數基金或指數ETF達致，又或者是按比例買進指數中的個股（你必須很有錢，又或者指數的成分股數目不多，才能這麼做）。然後你就持有這些資產，不理會你追蹤的指數在你的投資期限內如何起伏不定。其理念是：被動地一直持有跟大盤一樣的股票，你就能獲得跟大盤一樣的績效，投資表現將優於多數投資人——他們積極的投資決策一再出錯，長期績效因此遠遜於大盤。

理論上，這種投資方式完全沒問題。如果你完美地執行被動型投資，你的績效將落後大盤一點點——差幅源自你必須承擔的交易成本或費用，但也僅此而已。不過這已經是很好的表現，優於多數投資人，因為多數投資人的績效是不如大盤的。

只是，我經常聽見人說：「被動型投資很容易。」不，它其實很難，很難。

⑤ 被動型投資並不容易

被動型投資很容易操作，但很考驗投資人的心理！根據你想追蹤的基準指數，買一檔相應的ETF，然後一直放著不動——就這麼簡單。但我當基金經理人近40年、替《富比世》撰寫專欄逾四分之一世紀以來，還真沒認識幾個真的能做被動型投資的投資人。接下來，我就告訴你原因。

先從宏觀情況說起。金融服務市場調查公司DALBAR一項非常有趣的研究發現，在截至2009年底的20年中，股票共同基金投資人年均報酬率僅3.2％，[28] 遠低於標準普爾500指數同期的8.2％[29]——整整落後大盤5個百分點。容我再說一遍，因為這實在驚人：基金投資人的績效，年均落後大盤（那些基金正是投資在這市場）5個百分點。

這當中涉及許多錯誤的基金投資。主要原因是投資人就是無法「買進後放著不動」，他們總是堅持不了多久；無論是投資積極型還是被動型基金，往往在錯誤時機買進或賣出

---

28 *2010 Qualitative Analysis of Investor Behavior*, Advisor Edition, DALBAR, Inc.

29 Global Financial Data公司，標準普爾500指數總報酬，1989年12月31日至2009年12月31日。

（這跟女性投資表現優於男性的道理相似，見迷思18）。假如被動型投資果真那麼容易，你將看到人們紛紛這麼做，但事實並非如此。即使是投資被動型基金，人們仍往往買在高位，持有得不夠久，然後在錯誤時機出場。

⑤ 投資很容易？直覺欺騙了你

如我一再重申，投資本質上往往是反直覺的，而我們的頭腦有無數的出錯方式。DALBAR的調查顯示，整體而言，投資人平均持有一檔股票共同基金3.2年[30]（沒錯，年均報酬率3.2%，平均持有3.2年）。若想正確地做被動型投資，你不能每3.2年就賣掉手上的基金，然後改變策略——除非你是超級高手，能準確預測市場走勢。但如果你真有那麼厲害，你就不會在看這本書！被動型投資要行得通，你必須真的買進後放著不動，直到你的投資期結束。而如果你考慮採行被動型股票投資策略，你的投資期將不會是3.2年——幾乎肯定比這長得多（見迷思3）。

投資人主要受兩股力量左右。其一是渴望進出市場，其二是渴望更換基準指數。舉個例子，有個人可能在1995年底決定以標準普爾500指數為基準，做被動型投資。但到了1999

---

30 *2010 Qualitative Analysis of Investor Behavior*, Advisor Edition, DALBAR, Inc.

年底,他決定轉投以科技股為主、當時炙手可熱的那斯達克
(Nasdaq)指數。為什麼呢?從1996到1999年,標準普爾500
指數年均報酬率為26.4%,非常好!但那斯達克同期年均報酬
率高達40.2%,[31] 超級好!他覺得自己先前選錯了,現在認為
科技股將永遠是最好的。可惜,他轉投那斯達克後,科技股
很快便重挫,股市大盤接著也大跌。唉,他又選錯了(他這
麼認為)。到了2002年,他已改為把一半資金放在標準普爾
500指數上,另一半放在5至10年期美國公債上,但股市多頭
走勢隨即開始。到2006年,他厭倦了自己的表現落後於股市
大盤,於是恢復將全部資金放在標準普爾500指數上——剛好
來得及趕上2007年末開始的下一波大空頭。他做的決定都很
短視,但持有每一類資產的時間,平均已略長於3.2年。但這
仍不夠長久,只是夠他做盡自我傷害之事,讓「大羞辱者」
幸災樂禍(迷思8)。

　　行為財務學的研究者知道,人腦的構造,令我們很難對
任何大波動——如1998年的大修正(迷思7)或結束於2009年
3月的大空頭——無動於衷。即便是正常多頭市場中的正常修
正,也可能足以令成年人哭著找媽媽。許多專業人士(或許
是大多數)會因為市場劇烈波動而驚恐不安——雖然他們理

31　Global Financial Data公司,那斯達克綜合指數、標準普爾500指數總報酬,1995年
　　12月31日至1999年12月31日。

性上了解市場波動是正常現象（迷思5）。而當股市高漲時（例如在1990年代末，或是2009年——全球股市從觸底到年末勁漲73％[32]），許多人自然希望相信報酬豐厚乃自己的聰明才智所賜，而不是大盤大漲。因為投資人過度自信而遭重創的投資組合，可能跟因為恐懼波動而遭重創的一樣多。不過，這也說明多數投資人情感上無法買進股票後放著不動，他們就是辦不到。

　　這就是為什麼被動型投資雖然操作上很簡單，但很少投資人能長期堅持，讓它發揮功能。這情況有如你染了小病，醫生開給你兩個禮拜的藥，你吃了兩天後，對藥物沒有即時見效感到不耐煩。於是你另想辦法，但對情況仍未好轉感到困惑——你甚至可能病得更嚴重了！被動型投資跟這樣的情況基本上是同一回事。如果服藥後感覺不好，多數人在情感上是無法堅持下去的。

⑤ 別把自己當成市場的例外

　　你可能會說：「會那麼不理智的是其他人，可不是我！我冷靜又沉著。」恭喜你！或許你是那少數人之一，血液裡

---

32 Thomson Reuters，MSCI全球指數總報酬，計入淨股息，2009年3月9日至2009年12月31日。

有冰水，可以堅持被動型投資20年或更久。一個人若能保持冷靜，不被市場波動嚇倒，不被熱門（或冷門）資產類別迷惑，幾乎總能獲得優於多數投資人的績效（但如果你認為自己也是這樣，你可以在本書這裡貼張便條紙，當下次股市下跌15%〔多頭市場中正常的修正幅度〕時，回頭看看本章，檢視自己是否真的那麼冷靜沉著）。

　　事實是：對幾乎所有人來說，被動型投資都非常困難。我們很容易屈服於貪婪、恐懼、痛苦、懊悔、過度自信，以及我們那從石器時代流傳至今的頭腦。因此，你應該找個能給你意見的人：你的伴侶、牧師、兄弟、父母、兒女、投資顧問，或是任何一個每當你想偏離自己的長期策略時，提醒你你是誰，告訴你你不是巴菲特的人（如果你是巴菲特，就不需要看這本書）。此外，如果需要別人幫忙設計長期投資策略，請找人幫忙（也請看看迷思4）。因為自己的情緒而受害，不會令你變成一個壞人——那只是人性。不過，如果你能控制好自己，你可以成為一位更出色的投資人。但是對絕大多數人來說，成為一位被動型投資很難，非常難！

迷思 18

送伴侶去購物，能改善你的共同基金操作績效？

無論如何，不要讓你的伴侶看這一章，否則除非你照我的建議做，她（或他）將對你心懷怨恨。因為她將知道，你的共同基金投資績效未達應有水準，又或者她將要求你給錢讓她去盡情購物。聽起來很怪誕嗎？不，我說的都是有根據的。

有些人認為我反對共同基金。不，完全不是這樣！大家都知道，共同基金是小投資人分散投資、獲得專業基金管理或被動混合型投資服務的有效管道。但對大戶來說，共同基金效能不足、費用高昂。你越是富有，共同基金的效能相對越是不足——大戶有一百萬種更好的投資方式。但如果你資金有限，分散投資的好處很可能足以抵銷共同基金的所有缺點。此外，許多共同基金績效良好。

而且，你也知道要密切注意這些基金的費用——費用越高，對投資報酬的損害越嚴重。不過，這也是許多投資人觀

念出錯的地方。我聽過許多投資人表示，他們購買的免銷售費基金（no-load fund）非常好。免銷售費代表便宜！或許是吧，但有時「便宜」的背後是高昂的代價。就基金而言，免銷售費已證實會令許多投資人犯錯。有時候，付一點費用其實是好事。

所有共同基金都會有費用，免銷售費基金也不例外。銷售費（load）是指基金的銷售費用或佣金，用於支付賣基金給你的人。有些基金收取很高的申購手續費——5%或更高！有些則收取所謂的平攤手續費（level load），例如每年1%左右。有些基金也收取相當高的贖回手續費。是的，的確有些基金是不收取銷售費的，但它們還是得持續承擔基金管理與行銷成本。不過如果你購買免銷售費基金，的確不必支付銷售佣金。是真的。

$ 「便宜」有時是相對的

誠然你不必支付銷售費，但「便宜」有時是相對的。出人意表的是，沒有證據顯示購買免銷售費基金的投資人能獲得更高報酬，但有證據顯示，免銷售費促使投資人做出不當行為，損害他們的基金投資績效。我並不是要建議你只購買收取銷售費的基金，完全避開免銷售費基金。我只是想指出，免銷售費基金有一個很少人了解的問題，而這問題不難

解決。

　　什麼問題呢？免銷售費意味著投資人可能更頻繁地買賣共同基金——這就是所謂的「轉換標的」（switching）。轉換標的通常無法提升績效（請重溫迷思17），反而常常適得其反。除非你是預測市場走勢的高手，否則頻頻轉換標的通常會損害你的投資績效——這種高手很少，如果你是，你應該不會在看這本書（而且，如果你能準確預測市場走勢，你很可能不會投資共同基金）。

　　上一章我們講到，因為某些因素，被動型投資比人們普遍想像的難得多，而且這些因素損害投資人的長期績效。事實上，同樣的因素令許多免銷售費基金的投資人盲目追逐熱門基金，且往往就在它們由熱轉冷之前買進；又或者是被市場波動嚇倒，在最差的時機（也就是相對低位）賣出（見迷思7）。他們想：「嗯，至少我沒把錢賠在手續費上！」很好！但如果他們按兵不動能獲得更好績效的話，免手續費就實在安慰不了人。對一些投資人來說，手續費衍生的心理障礙，可幫助他們建立必要的投資紀律（一種行為規範）。

　　迷思17提到，投資人平均持有一檔股票共同基金僅3.2年——這是平均值，許多人持有的時間遠比這短。而且，這平均數包含收取及不收取銷售費的基金。歷史數據顯示，投資人持有收銷售費基金的時間，平均長於免銷售費基金，這推高了整體平均數。基金收取手續費，至少促使投資人持有

更長時間——光是這一點，就能改善你的整體績效。

我這麼說有何根據？財務學教授特倫斯・奧丁（Terrance Odean）和布萊德・巴伯（Brad Barber）做過一項著名的傑出研究，分析性別對投資績效的影響。結果顯示，女性的長期投資績效明顯優於男性。為什麼？因為男性較容易因過度自信而吃虧（我這麼說並非性別歧視。過度自信是很糟糕的認知錯誤，而雖然男女均有這問題，男性顯然更常因此受苦）。兩位教授的研究因此顯示，男性更頻繁地調整投資組合，交易量比女性多67％！[33] 女性較少調整投資組合，整體績效遠優於男性：年均報酬率比男性高1.4個百分點。[34] 如果你了解複利的力量，就知道這是很大的差距。某種意義上，手續費是你為增強投資紀律付出的代價，是你面對市場波動的護身符，其長期效益可能遠遠超過免手續費。如果你能持有一檔基金3年以上，基金績效很可能足以完全彌補5％的銷售費。

再說一遍，我並不是要鼓勵大家購買收手續費或免手續費的基金。不過，我的確想建議投資共同基金的投資人做一件事，這是你自我加強投資紀律的一種另類方法：購買免手

---

33 Brad M. Barber and Terrance Odean, "Boys Will Be Boys: Gender, Overconfidence, and Common Stock Investment," *Quarterly Journal of Economics* 116, no. 1 （February 2011）.

34 同上。

續費基金，同時跟你的伴侶立約：每一次你賣出共同基金，必須將其價值的5％存進伴侶的「逍遙帳戶」中。她（或他）可以隨興花這些錢，例如做spa、打高爾夫球、買珠寶、跑車或一雙要價數萬的鞋子，又或者是拿來投資，好讓自己將來有更多錢可用。做什麼都行，反正這些錢是她的而不是你的。這種懲罰性支出是為了給你一個教訓：追逐投資潮流，是會產生實質後果的。在市場波動時恐慌拋售，同樣可能付出慘痛代價。兩者均可能重創你未來的投資報酬。

如果你能購買免手續費基金，然後長期按兵不動（前提是該檔基金適合你，而且管理有方），那就這麼做吧！但多數投資人可借助外力加強投資紀律。替盡情購物的伴侶埋單，或許正能助你明白：免手續費基金有時並不便宜。

迷思 19

貝他值，能幫你測量風險？

　　股票是高風險投資——這是一個簡單的事實！但為了得到報酬，你必須承擔風險，而對許多人來說，風險就是市場波動（見迷思6）。市場波動會令多數人短期內感到不適，而且波動性是很難預料的，它令投資變得困難許多。市場波動令許多人精神失常，真的可能令人發瘋。

　　人類傾向喜歡秩序，因此喜歡測量各種東西。例如我們有宣稱測量投資風險的「貝他值」（beta），此學術概念廣為媒體及投資界接受。但請丟了它吧，它毫無用處。不，它比無用更糟。

　　人們（尤其是將貝他值這概念強推給我們的學者）以為貝他值能測量風險。不，它僅測量**過去的**風險！它不測量任何有關現在與未來的東西。貝他值本身可以簡單、準確地計算出來。一檔個股的貝他值，是代表該股**過去某段時間內，相對於大盤的波動程度**。個股**過去的**波動性越高，其貝他值

越大。如果某個股完全緊隨大盤波動，則其貝他值是1.0（計算美股的貝他值時，人們通常以標準普爾500指數為大盤指標，但貝他值也可以根據其他大盤指數計算）。貝他值低於1，代表該股的波動性低於大盤；高於1，則代表比大盤更波動。這是非常簡單的概念。

⑤ 歷史績效永遠無法預示未來表現

　　學者首先假定，一檔股票若是在過去一段時間內比大盤波動更大，未來其風險將較高。這假定有違數百年來的常識，且缺乏健全的理據。儘管如此，學術界仍宣稱，貝他值能測量個股的風險。自此之後，雖然缺乏相關證據，太多投資人相信貝他值反映未來的風險——儘管他們聽過且知道，歷史績效無法預示未來表現。

　　因為相信貝他值，許多人做盡各種古怪的事。神經兮兮的膽小鬼只想擁有低貝他值個股與投資組合。容我舉一個簡單例子，說明貝他值的謬誤（我在替《富比世》寫專欄時，曾提到這例子，見1986年6月2日刊出的文章〈巫醫〉〔Witch Doctors〕）。假設某個股的貝他值原本很低，但接下來兩年股價暴跌90％。如此一來，該股的貝他值將升破表。那麼，現在該股的風險，是比股價暴跌前高還是低呢？嗯，理性分析的話，你無論如何不會得出該股風險在股價暴跌後變得更

高的結論，但貝他值卻認為是這樣。因此，如果你相信貝他值，你會相信，一度炙手可熱的化妝品廠商雅芳（Avon），在1973年股價120美元、貝他值0.9時風險較低；而第二年股價跌至19元（跌幅85％）、貝他值1.3時，風險反而較高。直覺告訴我們，雅芳這檔股票的風險，在1973年股價120美元時（在股價暴跌之前），必然高於1974年股價19美元時。在個股價格相對於大盤大跌後買進，你將買到高貝他值個股，但這正是尋找低風險優質股的傳統方法之一。

貝他值令人頭腦糊塗的另一種情況，是相信高風險高報酬（這觀點某意義上是對的）的人，相信了以下這種流行的觀念：要打敗大盤，唯一方法是藉由高貝他值個股，承擔異常高的風險。但是，利用貝他值作為個股風險指標，會害他們將事情搞砸。貝他值所反映的純粹是已發生的現象，對未來毫無預示作用；因此，買進一組高貝他值個股，實際上並非高風險高報酬的操作方式。以貝他值測量風險，就像開車時盯著後視鏡，注定是要發生問題的。

說起來真諷刺，但學者都知道，股價並不是序列相關的——這統計術語換成白話說，就是股價走勢本身並不預示未來的走勢。研究一再證實這一點，但是學者研究貝他值時卻相信，歷史波動性（完全是基於股價走勢計算出來，而學者知道股價並不是序列相關的）不知何故是有用的。真是錯得離譜！

⑤ 跌得深，彈得高

　　讓我們換個方式思考這個問題，那就是看看空頭市場走到最後，觸底反彈的那段走勢。如果你能準確預測空頭市場的底部（你當然做不到，但這例子有助說明貝他值概念之可笑），然後大舉買進那些未來6至12個月將上漲最多的類股，你會想這麼做嗎？當然想！但如果你使用貝他值管理風險，你就無法這麼做。讓我告訴你原因何在。首先，大空頭市場走到底部時，接下來的整體風險必然是最低的（當然，我們事先無法確切知道底部何時出現）。

　　我們談迷思9時提到，當空頭市場結束、多頭市場開始時，常形成V形反彈走勢。空頭最後一波跌勢越深，觸底反彈的升勢就來得越強勁，這是空頭底部很難捕捉的原因之一。不過，空頭底部還有一個乏人了解的特點，我的公司很久以前，就以統計方式證明這特點在空頭市場歷史上一再出現。

　　空頭市場初段，有些類股相對抗跌，但到空頭末段跌得最凶，它們的貝他值因此變得很高。這些類股在新多頭市場初段升勢最強勁。下頁**圖19.1**幾乎完美地呈現美股此一特點，顯示各類股2009年3月底部之前6個月的跌幅（深色條形）及隨後6個月的升幅（淺色條形）。觸底前跌幅最深的類股，觸底後升幅確實最大。兩者並非完美的對稱關係，但無論怎麼看，也已接近完美——這在統計學上稱為「近單調表

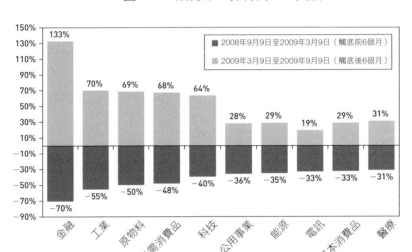

>>> 圖19.1 跌得深，彈得高——美股

圖例：
- ■ 2008年9月9日至2009年3月9日（觸底前6個月）
- □ 2009年3月9日至2009年9月9日（觸底後6個月）

資料來源：Thomson Reuters，標準普爾500指數價格報酬，2008年9月9日至2009年9月9日。

現」（near-monotonic display），而且歷史上每一次空頭莫不如此。

　　而因為美股與非美股走勢高度相關，全球股市也呈現出完全一樣的型態（下頁**圖19.2**）。

　　觸底之後升幅最大的類股，在大盤觸底時貝他值最高。在空頭末段及新多頭初段，它們的波動性均高於大盤！但人腦的運作方式，令我們傾向認為下跌是不好的波動，上漲則

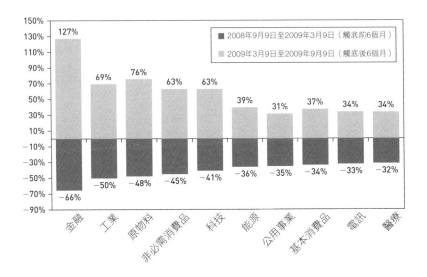

>>> 圖19.2　跌得深，彈得高——世界股市

資料來源：Thomson Reuters, MSCI Inc.，MSCI全球指數價格報酬，2008年9月9日至2009年9月9日。

是好事！因此，如果你使用貝他值管理風險，希望避開「危險的」高貝他值股票，你將錯過表現最好的類股！

　　但請勿以為高貝他值個股或類股未來總能帶來豐厚報酬。不！在市場底部，個股或類股的貝他值較高，不過是代表根據過往走勢，貝他值認為該個股或類股的風險高於大盤——因為跌得比大盤更深。貝他值完全不預示未來的風險。有時候在某些市場，表現嚴重落後於大盤（貝他值因此

很高）的股票會追上來，然後變成低貝他值股票。也有可能是價格高漲的股票（貝他值因此也很高）回落，貝他值隨後降低。貝他值僅反映股票過去的表現，不會告訴我們未來將如何。試圖光靠貝他值管理風險、改善績效，必將徒勞無功。貝他值並不測量風險，僅反映過去的波動性，而投資人永遠都應該向前看，而不是回頭望。

迷思 20

算出股票風險溢酬，
就能輕鬆預測未來報酬？

你想知道10年後股市位在什麼水準？我也想！但我不認為我們有可能知道。儘管如此，仍有人嘗試做這樣的預測。學術界有所謂「股票風險溢酬」（equity risk premium, ERP）的概念。這是指你持有股票所獲得的風險溢酬，也就是你的股票報酬率超出某個無風險利率的幅度。人們一般以10年期美國公債的報酬率代表無風險利率，也有人使用美國國庫券利率，但兩者的基本概念均相同。

這概念完全沒問題。沒錯，長期而言投資人承受額外的波動風險，可獲得額外報酬。自1926年以來，美國的股票風險溢酬（相對於10年期美債）為年均4.4個百分點——美債年均報酬5.3％，標準普爾500指數年均9.7％[35]——很大的溢酬！

---

35 Global Financial Data公司，美國10年期公債總報酬指數、標準普爾500指數總報酬，1926年12月31日至2009年12月31日。

理論上，投資人承受股市的波動，是應當獲得獎勵的。（雖然投資人多數討厭波動性：市場越波動，他們越討厭波動性。但理性上他們其實應該喜歡波動性，因為長期而言，他們通常能因承受市場波動而獲得豐厚報酬）。如果你承擔較高風險但不太可能獲得較高報酬，為什麼會有人想承擔較高風險呢（無論風險是以波動性或其他方式測量）？

問題是，有些學者試圖建立預測未來股票風險溢酬的模型，也就是嘗試預測未來的股票報酬率。結果反而謬誤叢生。我不曾見過一個經得起歷史回溯測試的股票風險溢酬模型。一個都沒有！儘管如此，每年還是有大量新模型湧現。

⑤ 股票長期供給無法預測

我說預測未來，是指多數股票風險溢酬模型嘗試預測未來很長一段時間的情況 —— 通常是7至10年（以10年最常見）。但是，我們在談迷思10時已說過，股票報酬率近期而言（接下來12至24個月）主要受「需求」的變化左右。而即使是這短期的情況，也已經難測得要命。更長線而言，主導因素就變成是股票供給了。除非你不知為何地能夠預測未來的股票供給，否則你絕對無法預測未來7年或10年的股市方向。我不曾見過有人嘗試預測股票長期供給，而我自己也想不到可以怎麼做（不過，或許某天有人能想出方法來，屆時

預測未來股票風險溢酬的模型就有可能建立）。我不曾見過一個嘗試預測股票長期供給的股票風險溢酬模型。而如果你處理不了供給問題，你的模型就毫無用處，因為股市的長遠走勢，關鍵在供給。

多數股票風險溢酬模型的前瞻性假設，是靠反映當前甚至是過去情況的數據拼湊而成。只是，你馬上就知道，你不能基於當前或過去的情況，去預測未來10年的景況。歷史績效本身永遠無法預示未來的表現。

股票風險溢酬模型可能是像這樣的廢物：取當前的股息殖利率，近10年每股盈餘平均值，加上當前通膨率，減去公債殖利率。加或減幾個項目。再結合對未來10年股票報酬超過公債幅度的猜測，以當前的公債殖利率為估算基礎。

只是，今天的股息殖利率、通膨率、每股盈餘以至其他數據，能告訴我們7年或10年後的事嗎？或甚至是3年後？這問題無人能答。

而且，我不曾見過一個經得起歷史回溯測試的股票風險溢酬模型。科學家會說，你的模型必須通過歷史回溯測試：挑選多個歷史時段，將歷史數據輸入股票風險溢酬模型中。「有效的」模型，將產生非常接近事實的7年或10年報酬率。做不到這點的模型必定是有問題的——無一例外。而事實是沒有一個模型能通過測試——有些僅在零星時段有效，無法持續有效。

悲觀的學者製造出悲觀的股票風險溢酬模型，而偏悲觀的媒體會宣揚這個訊息。他們會說：「未來10年的股票風險溢酬將低於平均水準，僅為1.5個百分點！」如果目前10年期美債殖利率為3.0％，那意味著未來股票年均報酬率將只有4.5％。相對地，樂觀的學者（據我的觀察，為數較少）會產生樂觀的預測——各有偏頗。但是，無論是樂觀還是悲觀，所有的股票風險溢酬預測跟所有人的長期預測一樣，不過是基於偏見的猜測。

我們可以一一剖析流行的股票風險溢酬模型，這是你練習「破謬」術的好機會。不過，有個簡單的事實是，它們不處理股票未來供給的問題；在此情況下，製造股票風險溢酬模型只是徒勞無功的學術遊戲。

⑤ 悲觀的預測

股票風險溢酬模型還有一個大問題：它們通常預測股票風險溢酬將是2、2.5或3個百分點——相當低的水準。為什麼這些學術界的懶人那麼喜歡2至3個百分點？我無法理解。他們其實可輕易查對歷史數據。回顧歷史，股票風險溢酬波動劇烈。畢竟，正常的股票報酬率是偏極端而非接近均值的（見迷思5）。下頁**表20.1**顯示美股各年代的歷史股票風險溢酬。1960及1980年代的股票風險溢酬非常接近長期均值4.4個

>>> 表20.1　美股各年代的風險溢酬──非預測未來情況

年代	10年期美債	標準普爾500指數	股票風險溢酬
1930	4.0%	-0.5%	-4.4%
1940	2.7%	9.0%	6.3%
1950	0.4%	19.3%	18.9%
1960	2.8%	7.8%	5.0%
1970	6.1%	5.9%	-0.2%
1980	12.8%	17.6%	4.8%
1990	8.0%	18.2%	10.2%
2000	6.6%	-0.9%	-7.6%

資料來源：Global Financial Data公司，美國10年期公債總報酬指數、標準普爾500指數總報酬，1929年12月31日至2009年12月31日。

百分點。真難得！在此之外，股票風險溢酬的數值相當極端──1950年代是18.9個百分點，1990年代是10.2個百分點。

　　當然，也有出現負數的時候，像1930年代便是。1970年代的股票風險溢酬接近零，但那10年股票的報酬率是正數（雖然低於長期均值）。2000年代的股票風險溢酬再度出現負數（雖然股票長期報酬無法預測，但你可以看看股票風險溢酬在出現負值後，維持了多久的可觀正數。有些人認為，

股市在2000年代整體收低,代表我們進入長期萎靡的「新常態」;他們實在不懂歷史,因為這種事歷史上不曾發生過)。

　　簡而言之,學者的股票風險溢酬預測通常過於悲觀,未能處理歷史上股票風險溢酬大幅波動的問題,未能通過歷史回溯測試,也無法處理未來股票供給的變化。但是,學者仍製造這種模型,媒體仍加以宣傳,投資界也趨之若鶩——因為它們給人量化、學術、精密、嚴謹的感覺!真是完美的華爾街「智慧」。我幾乎可以這麼說:貌似**精密**的東西,比資產泡沫令更多投資人破產。

　　學者通常會自信滿滿地宣稱,他的股票風險溢酬模型裡多個複雜的變量如何結合成一條奇妙的公式,讓人能看見未來(精密!)很少人會說:「我的股票風險溢酬模型是一個花巧無用的東西,只是用來表達我對未來10年股市表現的基本樂觀或悲觀看法。」諷刺的是,後者往往更接近事實。

　　股票風險溢酬模型幾乎永遠無法做出正確預測。或許學者覺得,簡單地說「樂觀」或「悲觀」是不得體、不專業的,但這也是有違實證證據的。歷史上股市升多跌少,長期而言報酬率顯著優於現金或債券,但表現很不穩定。這是事實,只是多數人就是很難真正掌握這事實。

　　或許你可以運用從本書學到的東西(又或者看我2006年的著作《投資最重要的3個問題》),然後施展「破謬」術,

發現預測股票長期供給的祕訣。這樣你就有可能建立一個可靠的、前瞻性的股票風險溢酬模型！若能如此，你將擁有極大的力量（至少在其他人發現你的訣竅前是這樣）。我很希望自己做得到，但也很希望你能做到。但在此之前，我們大可忘了股票風險溢酬模型。

迷思 21
VIX指數升至高位，
是進場良機？

那麼，VIX指數跌至低點時，應該就是離場的時候。是這樣嗎？

如果你不熟悉上述華爾街投資「智慧」，恭喜你──相對於熟悉這項「智慧」的人，你的生活實在美好得多。VIX是芝加哥選擇權交易所（CBOE）波動性指數的代碼，該指數反映市場對標準普爾500指數未來30天的波動性預期。指數本身完全沒問題：它是前瞻性的，以一系列的標準普爾500指數選擇權──包括買權與賣權──為計算基礎，設計良好。這指數基本上很稱職，能告訴大家市場對未來波動性的預期。

但也僅此而已！波動性就是波動性，它不告訴我們股市接下來怎麼走──問題類似貝他值（迷思19）。但是，像算命先生觀察茶葉那樣觀察圖形的人（兩者成功機率相近）說，你可以將「波動性」當作「恐懼」看待。VIX指數有時被稱為「恐懼指數」。因此，VIX飆升意味著市場恐慌情緒高

漲。而因為股市喜歡克服恐慌，恐慌情緒高漲意味著許多人將認賠殺出，股市將迎來可觀漲勢。相反地，波動性很低代表投資人並不恐懼，甚至可能頗為自滿，股市因此可能出現一波跌勢。市場俗話因此說：「VIX升至高位是進場良機，VIX跌至低點則應離場。」

⑤ 同步加相對，等於無用

　　理論上，這似乎講得通。股市的確喜歡克服恐慌。那麼，以VIX指導股票投資行得通嗎？正常情況下，我建議大家看長線──數據越多越好。但VIX迷通常是做短線的，希望捕捉市場的短期波動。對多數人來說，做短線是錯的。不過，為了對這些可愛的VIX迷公平對待，我們就看一段VIX似乎能有效指導股票投資的時間。

　　下頁**圖21.1**顯示1999年的標準普爾500指數（深色線）及VIX指數（淺色線）走勢。這是相當波動的一年。整體而言，VIX整年保持在相對高位，而其高點與低點與標準普爾500指數的低點與高點對應地相當好。如果你在VIX相對高位買進，在其相對低位賣出，你將能成功捕捉股市的短期波動。

　　只是，如果你在1999年持有標準普爾500指數一整年，你也會有很好的報酬──21％。[36] 而且，你不必承擔那些額外的交易成本或資本利得稅。還有，你不必像老鷹那樣盯住VIX指

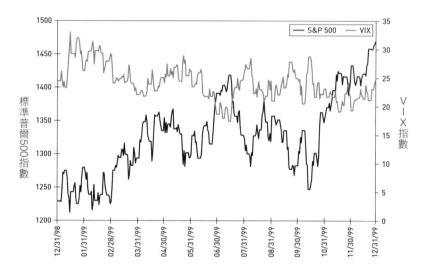

>>> 圖21.1　VIX與美股走勢──1999年

資料來源：Thomson Reuters，VIX指數，標準普爾500指數，1998年12月31日至1999年12月31日。

數──你的伴侶應該會比較開心。

　　但是，如果你在VIX高點買進、低點賣出，績效又如何呢？我不知道。為什麼？嗯，你要如何界定呢？在每一個VIX高點均買進嗎？抑或只是主要高點？甚至，你如何知道那是高點呢？請看那圖，高點與低點全都是相對的──你必須等

36　Global Financial Data公司，標準普爾500指數總報酬，1998年12月31日至1999年12月31日。

到**事後**才知道一個高點已形成。VIX年初觸頂，隨後股市橫向震盪。8月中有一個高點（但低於年初許多時候的水準），但股市當時大幅回落。奇怪！然後VIX剛好在股市回落前觸底，預示股市短期觸頂。酷！只是，年末出現了數次VIX觸底但股市大致走高的情況。你怎麼知道要在哪一個高點或低點採取行動呢？

更糟的是，待你可以回頭看到VIX的高點與低點時，你已經錯過對應的股市低點與高點（如果有的話）。股市不會停下來，等你確認VIX已形成高點才恢復波動。同步、相對的指標看起來可能很酷，但用於預測時，幾乎毫無用武之地。

⑤ 無用……而且反覆無常

等等，剛才那麼說，是假定VIX總是有效嗎？事實不然。跟幾乎所有「技術」指標一樣，如果你找到一個顯示指標有效的圖，我大有可能找到很多個顯示其無效的圖（見**圖21.2**）。

1995年是很好的一年——美股上漲37.6％，[37] 幾乎是完美的持續攀升！但VIX一直保持窄幅波動，看不出什麼方向。在

---

[37] Global Financial Data公司，標準普爾500指數總報酬，1994年12月31日至1995年12月31日。

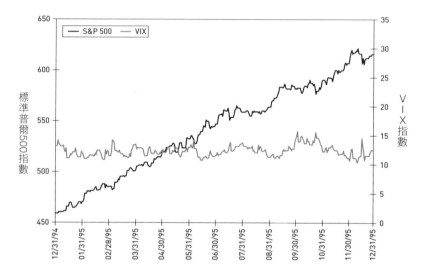

>>> 圖21.2　VIX與美股走勢——1995年

資料來源：Thomson Reuters，VIX指數，標準普爾500指數，1994年12月31日至1995年12月31日。

這樣的一年，你能靠VIX做什麼呢？它無法給你任何指引。年初時，它甚至不能提醒你進場！VIX迷會說，VIX在市場波動劇烈時才有用。沒問題，但是1995年其實是很波動的一年——只是它完全是向上波動！（人們常忘了，升跌皆為波動）。整體而言，這一年VIX看來沒什麼用。它還是有高低點，但它們跟股市走勢似乎並無關連。

在某些年分，VIX頗有作用，但有時又不過只是「噪

音」。你如何分辨使用VIX的「正確」短期時段已經開始?你分辨不了,你要待事後才知道。因此,你必須能造一台時光機,發現VIX有效時,回到過去,在正確的高點或低位採取行動。但如果你有這樣的本事,光是將時光機授權出去,你就已經是億萬富翁了,根本不必在股市打滾。

VIX迷說,這指數在市場「恐慌加劇」時是有效的。但你如何測量恐慌?你事後回顧時,才會說:「我當時沒有現在這麼恐懼。」人們對恐懼與疼痛的記憶從不正確——疼痛會隨記憶淡忘,這是一種生存本能(不信的話,你可以問任何一位生過小孩的女性)。

誠然,VIX的走勢有時的確與股市走勢高度相關。但即使如此,你仍然無法靠它預測股市走勢。且就長期而言,你根本無法知道這指數何時有效。因此,當VIX處於高位時,你只知道它處於高位。僅此而已。

消費者信心，是市場方向的重要指標？

每一個月，消費者信心指數都會占據不少新聞版面。它上升了——耶！前景看來大好！它下跌了——噢！大家要小心！媒體報導煞有介事，好像這數據有特殊意義似的。事實不然。這並不是說「消費者感覺好一些」不是好事，只是，如本書一再指出，「感覺」不是你投資時的朋友。

無可否認，消費者信心數據確實備受關注，它甚至是人們密切追蹤的經濟領先指標的組成部分。雖然不是十分穩定，但經濟領先指標預測經濟走向的作用頗強（只是並非絕對可靠）。但是，經濟領先指標有10個分項，消費者信心只是其中之一（有些人認為經濟領先指標能預測股票報酬率，但該指標的其中一個分項就是標準普爾500指數。因此，這麼想的人，某程度上其實是相信股市上漲的話，也預示未來將繼續上漲。若真如此，多頭走勢將永遠走不完。空頭市場也

一樣。這是不可能的！）

$ 信心指數與股市同步

　　我和一位朋友2003年合寫一篇有關消費者信心的學術論文：〈消費者信心與股票報酬〉（Consumer Confidence and Stock Returns），發表在2003年秋季的《投資組合管理期刊》（*Journal of Portfolio Management*）。如果你喜歡學術術語，你可以上網找這篇文章看看。該文要點如下：在最好的情況下，消費者信心指數與股市同步——情況不太好時則略為落後於股市。我們談迷思21時已說過，同步指標比無用還不如：它們沒有預測功能，但人們卻以為有。

　　在美國，消費者信心調查主要有兩項，分別是世界大型企業聯合會（Conference Board）和密西根大學做的。目前世界大型企業聯合會的調查可能較受重視（未來可能會改變），但兩者的結果幾乎是亦步亦趨（兩者調查的對象基本相同），只是偶有差異。兩項調查均試圖捕捉消費者對當前經濟狀況的感覺，以及對未來6至12個月的展望——後者就是反映他們的信心。在此之外，美國個人投資者協會（American Association of Individual Investors）也有一項投資人信心調查。你知道，股市無論漲跌，通常是領先經濟而行。因此，投資人信心調查如果有用，應得出領先消費者信

心的結果。但事實不然，上述三項調查的結果幾乎是亦步亦趨。

那麼，它們跟股市走勢關係如何？**圖22.1**顯示標準普爾500指數總報酬與世界大型企業聯合會消費者信心指數，兩者基本上同步起伏。此外，消費者信心的高低點是相對的（跟迷思21的VIX一樣！一樣沒用）。你事後才能知道指數是否形成了一個高點或低點；而且，此時的高點，一段時間之後可能就不再是高點了。世界大型企業聯合會則說，指數的水準

>>> 圖22.1　消費者信心與股票報酬——信心並無預測作用

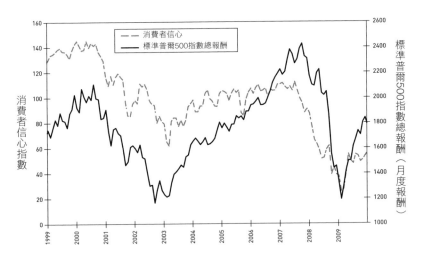

資料來源：Thomson Reuters，世界大型企業聯合會消費者信心指數，標準普爾500指數總報酬（月度），1999年12月31日至2009年12月31日。

不如其變動百分比重要。

　　我和朋友在2003年那篇文章中指出，股市上漲時，人們感覺較好，對未來較有信心，而這會反映在消費者信心調查結果上。股市下跌時，人們變得比較悲觀，信心隨之減弱。消費者信心指數反映剛發生的事，不預示將發生什麼事。它是一種同步指標，甚至可能是落後指標，因為每個月的數據要待**翌月**月底才公布。而且，數據顯示人們該月分的「平均」感覺——可視為反映上個月月中時人們的一般感覺。真妙！因此，假設股市5月走高，然後6月底數據顯示消費者信心5月中大致較強，這有什麼用？你告訴我股市某個月的表現，我可以相當準確地告訴你消費者信心指數該月的表現。但反過來就不行。

　　你無法基於信心數據預測股市表現。信心數據只能告訴你人們最近的大致感覺。人們的感覺受股市表現影響，而這會反映在消費者信心指數上。

⑤ 亦非反向指標

　　有些喜歡標新立異的人說，消費者信心指數其實是一個**反向指標**：信心很高代表股市已升過頭，勢將拉回；信心很低則代表股市跌得太低，勢必反彈。和其他同步指標一樣，消費者信心指數的確可能如此。但是，它跟VIX一樣，明顯的

高點與低點必須事後才能確認，因此對預測股市毫無作用。
而且，如果消費者信心指數真有此功能，股價指數本身也應
該有此作用——但你知道事實不然。你知道，股市無論是升
了一個月，還是三、五、七個月，這對你預測未來走勢毫無
用處。

例如**圖22.1**顯示，2003年3月，美國消費者信心與美股幾
乎同步觸及低點——隨後12個月，美股大漲35.1％。[38] 如果你
將消費者信心當反向指標，你可以得到很好的報酬；只是，
你必須有一顆神奇的水晶球，從中看到那是一個信心底部。
2007年7月，消費者信心觸及相對高點，隨後12個月股市下挫
11.1％。[39] 近年消費者信心的絕對低點則是出現在2009年2
月，股市則是於3月初觸底，然後展開歷來罕見的大反彈。消
費者信心2月觸底後12個月，美股漲了53.6％。[40] 這些信心高
低點與股市高低點全都幾乎同時出現，你發現時已錯過時
機，根本無用！

那麼，2003年至2007年的多頭走勢又如何呢？期間消費
者信心指數的趨勢雖然大致向上，但以橫向震盪為主。你會
希望自己在這段時間一直持有股票（別忘了，股市可以持續
上漲一段很長的時間，比多數人想像的更長），而捕捉消費

38　Thomson Reuters，標準普爾500指數總報酬，2003年3月30日至2004年3月30日。

39　Thomson Reuters，標準普爾500指數總報酬，2007年7月30日至2008年7月30日。

40　Thomson Reuters，標準普爾500指數總報酬，2009年2月28日至2010年2月28日。

者信心的高低點在這段時期對你幫助不大。誠然，2005年10月消費者信心出現相對低點，而隨後12個月股市上漲16.3%。[41] 但是，真正的反向指標（我不曾見過一個可靠、有用的反向指標），在股市多頭走勢期間不應是橫向震盪的。

事實是，消費者信心調查試圖預測未來6至12個月的經濟方向，但它們基本上反映的是大家現在的感覺（稍微滯後一些），而這幾乎已精準地反映在股市走勢上。所以對於消費者信心調查，你唯一可以「有信心」的是，它們對預測股市走勢毫無作用。

---

41 Thomson Reuters，標準普爾500指數總報酬，2005年10月30日至2006年10月30日。

迷思 23

道瓊工業指數超重要——
真的嗎？

　　對於那麼多投資人——甚至是知識理應較豐富的專業
人士——那麼重視道瓊工業指數，彷彿它真的意義
重大，我總是感到驚訝。你總是聽到電視新聞報導：「道瓊
工業指數升XX點。道瓊工業指數跌YY點。」你知道嗎？做
這一行數十年以來，我從不理會道瓊工業指數的水準——我
小時候就知道，它是一個無用的長期指標，因為它太狹窄，
而且更糟的是，它是「價格加權」（price-weighted）的。永
遠不要理會價格加權指數。

　　簡言之，儘管擁護者眾，道瓊工業指數（以下簡稱「道
指」）先天有缺陷，無法真實反映美國股市的狀況，遑論全
球股市。那麼，為什麼大家還如此重視呢？

$ 道指問題何在？

　　道指流行，主要是傳統使然。編纂道指的道瓊公司擁有
《華爾街日報》及其他刊物，大概也有起了推波助瀾之效。

　　讓我們從相對次要的問題說起。首先，道指的成分股僅
30檔。僅30檔！這30檔個股都是很大的公司，但總共僅占美
國股市總市值29％。[42] 因為成分股數目有限，某些類股所占的
比重難免大得異常。而且，它僅包含美股！標準普爾500指數
也是，但至少其500檔成分股占美國股市總市值89％。[43] 此
外，負責編纂道指的人，可以根據相當隨意的理由，更改成
分股名單。例如可口可樂公司是道指成分股，但百事可樂
（市值與可口可樂相若）則不是。微軟是成分股，但Google
和蘋果（我寫本章時，它們的市值其實比微軟更高）則不
是。為什麼？誰曉得。原因應該不是他們不允許實力相當的
競爭對手同時成為成分股 —— 默克（Merck）和輝瑞
（Pfizer）均是道指成分股，大藥廠的權重因此倍增。[44] 別想
這問題了，將腦力留給更有價值的事吧。

42　美股市值以Wilshire 500指數為準。資料來源：Thomson Reuters與Wilshire.com，截
　　至2010年5月31日。

43　同上。

44　Thomson Reuters，截至2010年5月31日。

$ 價格加權之不可理喻

沒錯，所有指數皆各有怪異之處，但價格加權指數絕對是無法接受的東西。在道指之外，唯一廣受矚目的著名的價格加權指數是日本日經指數（如果你需要追蹤日股表現，東證股價指數〔Topix〕比日經指數好得多，因其編纂方式合理得多）。

無論別人怎麼跟你說，價格加權意味著股價較高的成分股，對指數的影響大於股價較低者。問題是，每股價格高低，純粹是表面的東西。舉個例子：在2010年5月31日，微軟的股價（26美元）僅為3M（79美元）的三分之一，因此，3M對道指的影響，是微軟的**3倍**——儘管微軟的規模大得多。微軟市值高達2260億美元，3M則僅為570億——前者是後者的4倍。這真是亂來！理智的人皆明白，微軟對指數的影響應比3M大。每股價格跟公司的規模或相對重要性毫無關係。

下頁**表23.1**列出所有道指成分股，依市值排序。注意，股價與市值（公司的實際規模）之關係，是無規則可循的（你可以將市值換成公司營收、盈餘或帳面淨值，同樣會發現無規則可循）。

道指真正瘋狂之處，正在這裡：如果低市值高股價的成分股（如3M、聯合科技、波音或卡特彼勒——這些公司的市

> > > 表23.1　瘋狂的道指

個股	股價（2010年5月31日）	市值（百萬美元）
艾克森美孚	$60.46	$284,044
微軟	$25.80	$226,107
沃爾瑪	$50.56	$189,659
寶僑	$61.09	$175,933
奇異集團	$16.35	$174,561
嬌生	$58.30	$160,795
IBM	$125.26	$160,627
美國銀行	$15.74	$157,919
JP摩根	$39.58	$157,476
雪佛龍	$73.87	$148,386
美國電話電報公司	$24.30	$143,589
思科	$23.16	$132,270
輝瑞	$15.23	$122,847
英特爾	$21.42	$119,181
可口可樂	$51.40	$118,582
惠普	$46.01	$107,898
默克	$33.69	$105,054
Verizon通訊	$27.52	$77,792
麥當勞	$66.87	$71,938
迪士尼	$33.42	$65,455
聯合科技	$67.38	$63,096
家得寶	$33.86	$56,897
3M	$79.31	$56,553
卡夫食品	$28.60	$49,864
波音	$64.18	$48,715
美國運通	$39.87	$47,894
卡特彼勒	$60.76	$38,169
杜邦	$36.17	$32,772
旅行家	$49.47	$24,504
美國鋁業	$11.64	$11,876

資料來源：Thomson Reuters，截至2010年5月31日。

值全都低於道指成分股平均市值，但股價卻是最高的一批）表現出色，但高市值低股價的成分股（如奇異、輝瑞、美國銀行、英特爾、美國電話電報、思科及微軟——道指中股價最低的一批成分股）表現不振，那表示道指誇大所有成分股的實質表現——而且是誇大許多。也就是說，道指的表現，可能嚴重偏離事實，反之亦然：如果高市值低股價的成分股表現出色、低市值高股價者表現不振，道指的表現將不如成分股的實質表現。真瘋狂！

編纂方式較合理的指數，則採用某種規模加權法，最常見且人們最廣泛接受的是「市值加權法」（但也有其他方法）。在諸如標準普爾500指數、MSCI世界指數、MSCI世界所有國家指數、那斯達克指數、日本的東證股價指數、英國的富時指數、德國的DAX等指數中，市值較大的成分股對指數的表現影響較大——理應如此。順帶一提，機構投資人（如退休基金、捐贈基金及基金會）與專業投資圈（如共同基金）衡量自身績效時，幾乎從不曾以非市值加權指數為基準。你也不應這麼做。

Ⓢ 股票分割造成嚴重問題

接下來我們將進入價格加權指數的「模糊地帶」。存在越久，價格加權指數的表現越是隨機。為什麼？拜股票分割

所賜！無論別人怎麼跟你說，成分股若分割股票，實際上會影響價格加權指數隨後的表現。以下為你說明原因。

股票分割很常見，但不影響公司的價值或任何有實質意義的東西。分割前，公司發行100股，每股價值100美元；一股分割為兩股後，公司有200股，每股50美元——未產生任何實質影響。公司的總價值（股數乘以股價）不動如山。但對價格加權指數來說，股票分割有非常實質的影響：成分股對指數未來表現的影響將因此改變，因為成分股的股價至關緊要！若是一股分割為兩股，該個股未來對指數的影響力將減半——若是一股分割為三股或四股，則影響力萎縮得更厲害（股票合併較罕見，但也是會發生的，其效果與股票分割相反）。

此時道指的擁護者可能會憤慨地說：我們有「除數」（divisor），可令指數在每一次股票分割後保持連貫。沒錯，除數的確有此功能，但它改變不了以下事實：

1.股票分割令一檔個股在價格加權指數中的權重無端大幅萎縮。
2.擁護道指的人，應修一門指數編纂課。

我們仿照道指，舉個例子說明箇中道理。假設我們有一個價格加權指數，它有ABC與XYZ兩檔成分股，我們稱它為

「愚蠢指數」。兩個股股價均為100美元，市值相同。將兩個股的股價加起來（200美元），除以成分股的數目（2），就得出愚蠢指數的價值：100美元。很簡單，道指也是這麼算出來的，絲毫不差！第一天，ABC漲10％至110美元，XYZ跌10％至90美元——漲跌剛好相抵。我們將股價相加，除以成分股數目，還是得出100美元。沒問題！

現在假設兩個股在第二天均回到100美元。這天晚上，ABC將1股分割為100股。這很瘋狂（道指也是），但較大的數字可將情況放大，較能說明問題。原本持有100股ABC、每股100美元的人，如今變成持有10000股、每股1美元。無論如何，他仍持有價值10000美元的ABC股票——在經濟意義上未有任何改變。

但指數卻會受影響。我們將ABC（1美元）與XYZ（100美元）的股價加起來，除以2，得出50.50美元。噢！這不對。除了名義股價，什麼都沒變，但指數卻剩下先前一半左右的水準。這可不行。是時候引進一個「除數」，一如道指那麼做。為了讓指數回到正確的水準、保持連貫，我們將50.50美元除以0.505——這除數用簡單的代數就能算出來。

但這仍然很奇怪。第三天開始時，ABC股價1美元，XYZ100美元。假設ABC升10％，XYZ跌10％（漲跌完全相抵），一如第一天。我們將股價相加（1.1元加90美元），除以2，再除以除數（0.505），結果是90.20美元——不是100美元。

什麼？不應該是這樣的。這跟第一天的情況完全相同！根據經濟事實，指數應該是100美元才對，因為經濟事實絲毫未變。但是，只因為一家公司分割股票，大盤指數就下跌近10％。為什麼？因為高股價成分股下跌，對指數產生不成比例的影響。成分股的經濟事實並未改變，但指數卻變了。如果成分股市值相同（如愚蠢指數的情況），它們應該對指數產生相同影響才對。結果並不是。這就是價格加權指數的髒祕密。

　　這只是一次股票分割。每次分割，指數的表現均遭扭曲。事實上，在任何一年，分割股票的成分股表現若遜於未分割者，指數表現將優於成分股整體實質表現——而且未來年度也將如此。如果分割股票的成分股表現優於未分割者，則指數表現將遜於成分股整體實質表現。

　　對於那麼多自稱是專業投資人，卻去預測道指的長期水準，或是煞有介事地談論其長期歷史，彷彿其歷史與某些實質經濟現象有關（價格加權指數均非如此），我總是感到十分驚訝。如我逾20年前在《富比士》雜誌專欄中指出，股票分割可令道指一年的報酬率偏離真實水準達10％。我的意思，並不是10％變成11％或9％，而是10％變成20％或零。這可是天壤之別。

　　對於那些預測道指長期水準的人，我們知道兩件事。首先，他們不曾上過指數編纂的課，這一點是肯定的。第二，

除非他們有某種預測股票分割的系統（我不曾認識任何嘗試預測股票分割的人），否則他們根本就是在胡扯（而且，他們未讀過迷思20）。

再說一個道指與事實脫節的例子：許多投資人——專業與業餘皆有——喜歡說股市在1965年至1982年間原地踏步——這是惡名昭彰的「無報酬」17年。他們的意思，其實是道指在此期間原地踏步，但這是胡說。在此期間，標準普爾500指數年均報酬率為7.1％——低於長期均值，但仍是正數。[45] 為什麼差這麼多？標準普爾500指數能更好地反映美國股市的狀況，它是市值加權而非股價加權指數，而股價指數理應是市值加權的。

絕大多數新指數是市值加權指數，連道瓊公司編纂的新指數也不例外。事實上，不會再有人編纂價格加權指數了，而這是有充分理由的。我們還在用道指和日經指數，是傳統使然，而這不是我們選用股價指數的好理由。所以忘了道指吧，你的生活將因此更美好。

---

45 Global Financial Data公司，標準普爾500指數總報酬，1964年12月31日至1982年12月31日。

第三部

要命的「普通常識」

你媽媽以前可能常問你：「如果你的朋友從布魯克林大橋跳下去，你會跟著跳嗎？」本篇剖析的迷思，正是那種會令原本理智的人，跟著朋友從大橋上跳進鯊魚出沒的汙水裡的胡說八道。

投資很難。仰賴經驗法則、民間「智慧」、金玉良言或其他「大家都知道」的簡單規則，似乎可令投資看似容易些，因為它們將投資簡化成一些容易遵循的操作指南。但「容易操作」不保證「績效較佳」。事實上，因為股市能非常有效地消化人所共知的資訊（包括那些可愛的經驗法則），遵循民間「智慧」行事通常意味著很差、甚至是災難性的投資績效。

在日常生活中，「經驗法則」通常是沒問題的。大家都知道抽菸不好，阿摩尼亞與漂白劑不能混在一起，過馬路前兩邊看，每天吃蔬菜。還有用牙線潔牙！沒有人會質疑這些容易記住的忠告，畢竟這有助你維護自身安全、免受毒害，並保持營養充足。問題是，換成是投資，類似的忠告則可能大有問題。

投資世界裡，沒有「X發生時一定買進」或「Y發生時一定賣出」這種長期持續有效的法則，投資有這麼容易就好了！倘若真的有行得通的投資「經驗法則」，我就不會寫這本書，而你也肯定懶得買這本書。誠然，某些規則有時見效，但那通常只是巧合，並不是因為它們基本正確。儘管如

此，投資世界裡還是有無數「這麼做，別那麼做」的簡易法則。為什麼呢？我們在第一部已說過，人類喜歡尋找型態，喜歡到可以無中生有──我們根據季節、月分、星期、農曆以至天象，創造出指導我們何時投資的法則。全都是胡說（迷思24、25）。

有些規則「直覺」看來是有道理的，但股市往往是反直覺的。將我們從石器時代沿襲而來的直覺應用在資本市場上，是可能隨時受重創的（迷思26、27）。

我們還有源自傳統的「民間智慧」──本書第二部告訴大家，它們往往很有問題。人類時常尋求追隨大眾的安全感，也希望獲得「專家」傳授的智慧。如果許多聰明人數十年來都這麼說，我們沒有理由提出質疑，對吧？恰恰錯了──「破謬」正是得質疑人們視為理所當然的說法（迷思28、29、30、31、32）。

在此提供一條較佳的經驗法則：如果某種做法是「大家都知道」的，那麼很可能大家都懶得去質疑它，而你正應這麼做。這對你無害，而且並不難。本部各章將示範如何使用一些基本「破謬」術（查數據、檢驗相關性，應用基本金融理論），檢驗「大家都知道」的事是否正確。「大家都知道」的事可能純屬謬論，還是代價高昂的謬論！懂一點「破謬」術，你就能避免受這些謬論傷害。

迷思 24
1月分行情預示股市全年表現？

「1月定全年」的說法由來已久！根據這流行的迷思，股市1月頭幾天若下跌，整個月以至全年將收低。這迷思有多個略有差異的版本——有些人宣稱，1月第一個交易日的表現，已足以預示全年表現。但多數人不同意，他們認為要看頭3、5、10、17（某個隨意的數字）天的表現（1天沒有預示作用，那為什麼3、5、10、17或某個隨意的天數就有預示作用？真不明白）。也有人認為，應該看第一周的表現。但假期該怎麼算？如只有四天工作天算一周嗎？這些全都是胡說八道。

⑤ 大量的認知錯誤

1月及其他日子、月分或季節相關的迷思（如迷思25將談的「5月出貨」，又或者是「聖誕老人」或「夏季」行情），

涉及許多認知錯誤。首先，如果股市1月開局表現強勁，幾乎一定不會有人提1月行情論。不會有人說：「唷！1月上漲，我們不必擔心今年餘下時間的走勢了。」這迷思的捧場客，通常是用它來激起人們的悲觀情緒。

第二，這迷思的擁護者常自相矛盾。如果股市1月及全年均下跌，他們會宣稱這是1月行情論的勝利（通常說得很大聲）。但如果1月跌而全年升，他們卻從不認錯。

他們會說：「當然不是每一年都有效，你必須看長期平均表現。」對於不符合他們既定觀念的事實，他們會隨意拉長觀察期。符合他們既定觀念的年分，他們視之為理論有效的確鑿證據；與既定觀念不符的年分，他們卻不認為是理論無效的證據。這是人類「驗證偏誤」（confirmation bias）的極佳例子：我們很容易看見自己相信的東西，並對自己不信的東西視而不見──行為學家近數十年來，已證實人類確有此特點。

第三，隨意賦予某段30或31天的時間特殊意義，是可笑的人類怪癖。1月本質上並無特別的預示功能，但拜行為學家所稱的「心理帳戶」（mental accounting）所賜，我們認為一年之始特別重要。但資本市場是完全不關心什麼心理帳戶的。

對我來說，1月迷思能持續至今，實在不可思議。即便只是看零星例子，也會發現這說法實在不可靠。就說近年例子

好了。2009年1月,標準普爾500指數跌8%,全球股市跌9%,[46] 但兩者全年分別收高26.5%及30.0%。[47] 如果你相信1月行情論,就會錯過這年的漲勢。1月無論是漲、跌還是盤整,我們均能找到整年表現截然不同的大量例子。

⑤ 表格「破謬」

我們可以使用一個四格表來破解這謬論——這是一種經常能派上用場的破謬術(在迷思27,我們將用它來分析美元匯率與股市的關係)。下頁**表24.1**顯示自1926年以來,美股1月及全年均上漲,或是1月及全年均下跌的頻率——許多人認為股市表現理應如此。不過,該表也顯示了1月漲全年跌,以及1月跌全年漲的頻率。

自1926年以來,美股1月及全年皆升共有45次,頻率為54%。這結果並不意外,因為如果股市整年收高,上漲的月分應比下跌月分多。而且,股市歷來漲多跌少——約三分之二的時間是上漲。自1926年以來,63.1%的1月及71.4%的年分是上漲的(擔心股市長期下跌,或抱持其他可笑憂慮的

---

46 Thomson Reuters,標準普爾500指數總報酬,MSCI全球指數總報酬(計入淨股息),2008年12月31日至2009年1月31日。

47 Thomson Reuters,標準普爾500指數總報酬,MSCI全球指數總報酬(計入淨股息),2008年12月31日至2009年12月31日。

>>> 表24.1　1月行情真能定全年？（標準普爾500指數）

	1月漲	1月跌	總計
全年漲	45（53.6%）	15（17.9%）	60（71.4%）
全年跌	8（9.5%）	16（19.0%）	24（29.6%）
總計	53（63.1%）	31（36.9%）	

資料來源：Global Financial Data公司，標準普爾500指數總報酬，1925年12月31日至2009年12月31日。

人，應該注意71％這數字）。雖然無人能保證未來的情況，股市歷來是「想」上漲多過下跌。在上漲明顯比下跌頻繁（比率約為二比一）的情況下，股市上漲的年分當然比下跌多，上漲的1月自然也比下跌多。

　　1926年以來，美股1月漲、全年跌僅發生8次，頻率為9.5％。非常罕見！因此，既然1月及全年皆漲最常見，而1月漲、全年跌很罕見，這是否代表1月的走勢具預示功能？不。看看1月跌的情況，你會發現，1月下跌後，股市全年上漲或下跌的機率幾乎相同：17.9％對19.0％，僅相差1次。換個角度看，1月與全年漲跌不一（1月漲全年跌或1月跌全年漲，頻率為27.4％），比1月與全年皆跌（頻率為19.0％）更常發生。

　　我將一再強調：「破謬」的簡單方法之一，是忽略所有

宣稱「某某狀況必然是壞事（或好事）」的法則。現實中並無能預示股市走勢的絕對可靠訊號。若投資真有這麼容易，某處的某人應該已發現這祕訣，並成為全球首富。而且，既然是這麼容易，大家應該都在根據這法則操作。真是異想天開！全球資本市場太複雜了，根本不可能有一個如此神奇的指標。因此，忘了「1月定全年」的說法吧。1月表現僅反映1月表現，不多不少，僅此而已。

迷思 25

5月是賣股月？

　　股市投資人應該都聽過這句話：「5月出貨，暫且離場（Sell in May and go away）。」我希望大家沒把它當回事才好。這句話想說的是：股市在夏季表現差勁，所以你可以在5月安全地出貨；等待股市走低，然後在秋季重新買進。這句話與事實完全不符，照著做很可能令你損失不菲。

　　令人驚訝的是，每年5月，這句話總是透過媒體不停傳播，股市下滑時尤其如此（情況跟迷思24的「1月定全年」說法一樣──偏悲觀的人看來特別喜歡它）。夏季時股市若有一、兩周表現不佳，我就會聽到一些客戶或《富比世》讀者說：「所有人都知道『5月出貨』！」

　　但「5月出貨」到底是什麼意思？5月什麼時候出貨？5月1日？31日？12日？還是4月30日？而且，如果所有人都知道要在5月出貨（假設我們知道確切時點），那你不是應該在4

月，搶在其他人之前賣出嗎？但你想得到的事，應該也有不少人想得到，那麼，你不就應該再提早一些賣出嗎？如果這樣下去，要提早到何時呢（擁護這種自動賣出法則的人，從不曾想清楚其中道理）？

⑤ 5月何時出貨？然後呢？

還有，如果我5月真的賣掉股票，我應該在什麼時候重新買進？人們說，5月出貨是因為夏季股市不振，那麼，我是該在9月1日重新買進嗎？還是等到秋分？還是？「5月出貨」有無數個版本，但沒有一個經得起推敲。你可以檢視歷史，隨意變更日期，結果都一樣：5月出貨是行不通的。

下頁**表25.1**顯示標準普爾500指數月均報酬率。自1926年以來，美股5月平均報酬率為0.38%。不是很多，但也不是負數。6月平均報酬率1.19%，7月是1.83%。7月是歷史上表現最好的一個月——剛好是仲夏時節，是一些人認為很糟的月分（另一些人則認為7月是「夏季漲勢」的起點——這是另一個經不起統計驗證的謬論）。8月平均表現也不錯。很多統計數據，但歸納不出多少意義！

有些人會說，「5月出貨」並不是說5月股市表現不好，而是指夏季月分整體而言對股市不利。但是，6、7、8這三個月總報酬率平均是4.51%，[48] 表現優於任何其他的連續三個

>>> 表25.1　美股月均報酬率──為什麼要在5月出貨呢？

月分	標準普爾500指數平均報酬率
1月	1.49%
2月	0.06%
3月	0.72%
4月	1.67%
5月	**0.38%**
6月	1.19%
7月	1.83%
8月	1.30%
9月	-0.75%
10月	0.43%
11月	1.07%
12月	1.74%

資料來源：Global Financial Data公司，標準普爾500指數總報酬，1925年12月31日至 2009年12月31日。

月！（見鬼了，「夏季股市表現不好」這個迷思，是如何開 始的？）而且，這很可能遠高於90天期國庫券的報酬率，也 肯定比持有現金好──這還未考慮進出股市涉及的額外交易

成本呢。此時有些人可能會說：「不，我們說的是夏天那半年表現較差，也就是5月到10月。」哇！這簡單的一句話可圈可點。自1926年以來，美股5月1日至10月31日的平均報酬率是4.26%，而11月1日至4月30日則是7.07%。[49]沒錯！「冬天」那半年表現較佳（不過，夏天那半年的平均報酬率仍是正數，而且仍遠優於現金或6個月國庫券的平均報酬率）。我們可以隨意換個切法，例如3月至8月的平均報酬率是7.16%，而9月至2月則只有4.38%。[50]因此，為什麼不是「9月出貨」呢（很可能是因為如果我們說Sell in September，那跟and go away不押韻）？這些全都只是沒有實質意義的統計分析。

　　而且，我們講的都是平均報酬率——實際報酬率通常大幅偏離平均值（迷思5）。**表25.1**顯示，9月是唯一出現負平均報酬率的月分。所以你應該在9月出貨嗎？不能只看歷史均值。如果剔除史上最糟的2個9月（1931年跌29.6%，以及1937年跌13.8%——均發生在大蕭條時期）[51]，餘下的9月並不是很差。84個9月中有2個很糟，你該多相信這2個月具代表性？隨意一組月分的平均值，又有多大的代表性？平均值常

---

48 Global Financial Data公司，標準普爾500指數總報酬，1925年12月31日至2009年12月31日。

49 同上。

50 同上。

51 同上。

導人於盲（基本破謬術：檢視構成平均值的數據）。9月的歷史均值為負數，不代表未來的9月也比較可能出現負數。9月本質上並不比其他月分更危險——唯一例外可能是學生恢復上學，你開車時必須小心點。因為某個月或某幾個月歷史平均報酬率較低，就決定退場一段時間後再進場，是非常愚蠢的做法，尤其是因為你無法保證這麼做可帶給你更好的報酬。

經過我們的剖析，「5月出貨」迷思應從此壽終正寢！但除了「1月定全年」外，還有許多其他基於星期、月分、季節及假期的迷思，全都是可笑的謬論，它們往往頗具吸引力，有時似乎有效，但長期而言全都經不起考驗，會令遵循論點行事的人損失不菲。聖誕老人行情、1月效應、三巫日（triple witching）、周一出貨，均屬此類迷思。自1980年起，美式足球隊紐約巨人隊每次贏得超級盃（1986、1990及2007年），不久之後股市就進入空頭市場。匹茲堡鋼人（Pittsburgh Steelers）則據稱是多頭市場的指標——這根本純屬巧合，跟「5月出貨」一樣可笑。

別理會「5月出貨」或其他基於日期、月分、職業球隊成績的自動交易指示。交易法則若非基於健全的經濟學或投資組合理論，均不足採信（不過，據說現代投資組合理論先驅——哈利・馬可維茲〔Harry Markowitz〕，是匹茲堡鋼人隊球迷）。

迷思 26

低本益比代表低風險？

人們通常認為，個股或大盤的本益比（P／E）處於低位代表低風險。這幾乎是「大家都知道」的、宗教般的全民信仰。但這觀念是錯的。運用本益比預測風險與報酬，作用與通靈板（Ouija board）相似。

我在2006年的著作《投資最重要的3個問題》中，徹底剖析了「高本益比危險，低本益比安全」這迷思。為了多角度破解此謬論，花了該書某大章約一半篇幅。此處我將不重複那些內容，而是將以另一方式告訴你，本益比無論高低，本身並無預測股價走勢的功能（我也曾和經濟學家史塔曼〔Meir Statman〕合撰學術論文，解釋本益比為何不能預測風險與報酬。如果你不排斥看學術文章，可上網找這篇論文：〈市場預測中的認知偏差〉〔Cognitive Biases in Market Forecasts〕，刊於《投資組合管理期刊》〔*Journal of Portfolio Management*〕2000年秋季號）。

本章的批評，不代表本益比毫無用處。這比率有其作用，但不是作為股市或個股報酬的前瞻指標。自從大家皆能快速從網路上找到相關數據，而且股市能非常有效地消化所有公開資訊後，本益比就早已失去其預測功能，一如所有常用的評價（valuation）指標。當然，你還是可以比較同類股票的本益比。你也可以將本益比倒轉過來（以每股盈餘除以股價），得出「盈餘報酬率」（earnings yield），視之為一種利率，拿來跟公債殖利率相比，研判某公司、類股以至大盤是增發新股還是以現金買回股票的誘因較強。買回股票將令未來股票供給減少，對股價是有利因素；增發新股則相反。本益比還有許多其他有意義的用法。但別以為本益比本身能告訴你，某檔股票或大盤未來將怎麼走。

Ⓢ 股市懼高症

　　本益比的一大問題，是**人們天生傾向懼高**。現代智人約25萬年前出現在地球上，自此之後，我們便一直在應付基本生存問題。遠古時代，如果你從高處掉下來，你的生命基本上就算走到盡頭了：或死或殘廢，而當年殘廢幾乎等同死亡。人類因此發展出一種健康的懼高傾向。而我們也是以高度之框架去看本益比的：這比率或高，或低。

　　現代資本市場則只有數百年歷史。一般人普遍投資資本

市場是近數十年才出現的現象，這可說拜401（k）退休儲蓄計畫、個人退休帳戶（IRA）及折扣券商如嘉信理財（Charles Schwab）的出現所賜。現在，任何有收入的人均可輕易開一個證券交易帳戶，開始買賣股票、共同基金和債券等金融資產。不過50年前，一般人還無法這麼做，那時候金融投資基本上是有錢人在操作，而他們占人口很小比例。

簡言之，現代金融投資演化速度極快，我們的頭腦遠遠跟不上。人類的歷史令我們相信身處高位很危險，從高處跌下來非死即殘，我們深信如此。所以我們很自然地以這種觀念去看本益比。位於高處的東西總叫人害怕，位於低處比較安全，我們因此認為低本益比代表安全，高本益比代表危險。只是事實不然。

容我說一點題外話，由此可見我們祖傳的懼高傾向，有時可能令我們判斷錯誤。距離地面高一些還是低一些比較安全？看情況！就說搭飛機好了，這是我們祖傳的腦袋料想不到的另一事物。如果在一架小飛機上，距地面150英呎高，此時引擎開始出狀況，我想你會希望自己距離地面2500英呎——這樣你可以有更多時間嘗試修好引擎，或是飛到一個可安全降落的地方。從150英呎高掉下來，不會比從2500英呎高掉下來安全——基本上都是死路一條。在某些情況下，身在較高處其實比較安全。

⑤ 本益比變動的分子與分母

　　本益比的基本問題之一，在於大家未能記住它是由兩個變量構成——股價（分子）及每股盈餘（分母）。此外，大家也常忘了本益比僅反映當前狀態，而不是預示未來的情況，而市場卻僅關心未來6至24個月的情況。

　　2008年底，股市本益比非常高——標準普爾500指數本益比為60.7。[52] 哇！遠高於歷史均值。如果你認為高本益比代表危險，那麼你將避開股票，於是錯過2009年美股可觀的27%漲幅，或全球股市30%的漲幅。[53] 2008年底本益比很高，是因為經濟衰退之下，企業盈餘暫時大幅萎縮——每股盈餘相對於股價很低，本益比因此非常高。事實上，2008年底的本益比也遠高於2007年底，但2007年底是股市高點，那時衰退還沒開始，企業盈餘還沒開始下跌。因此，如果你相信低本益比等於低風險、高本益比等於高風險，你是假定大盤升至高位時，風險比隨後跌至低位時低；這當然是錯的，事實剛好相反。

---

52 Global Financial Data公司，標準普爾500指數本益比基於前12個月盈餘，截至2008年12月31日。

53 Global Financial Data公司，標準普爾500指數總報酬，2008年12月31日至2009年12月31日；Thomson Reuters，MSCI全球指數總報酬（計入淨股息），2008年12月31日至2009年1月31日。

另一個例子：2002年12月31日，標準普爾500指數本益比為31.9。[54] 非常高，但那時同樣是持有股票的好時機。美國及全球股市2003年的報酬率分別是29％及33％。[55] 2002年底本益比很高，同樣是因為企業盈餘在最新一場經濟衰退中大幅萎縮。經濟衰退期間及剛過去時，股票本益比往往很高，而此時通常是投資股票的絕佳時機。

在上述兩例中，本益比不過是反映當時的股價及過去12個月的盈餘，並不反映未來的盈餘。但股市是向前看的，股價一般先盈餘而動——在盈餘下跌前下跌，在盈餘上漲前上漲。本益比不能幫助你看清未來的盈餘與本益比，除非你深入分析盈餘相對於股價那麼低的**原因**，並預測未來的情況——但如果你不明白「股價」與「盈餘」這兩個變量不一定同步波動，你是做不到這件事的。

但是，股市跌至谷底時，大盤本益比非常高，則是非常普遍的現象——此時正是股票風險極低，股價正要大幅上漲之時。這並不是說高本益比僅出現在空頭底部。企業盈餘即使很強，也可能遭股價拋離——股價可能一漲再漲。為什

---

54 Global Financial Data公司，標準普爾500指數本益比基於前12個月盈餘，2002年12月31日之數據。

55 Global Financial Data公司，標準普爾500指數總報酬，2002年12月31日至2003年12月31日；Thomson Reuters，MSCI全球指數總報酬（計入淨股息），2002年12月31日至2003年1月31日。

麼？盈餘快速上升可促使股價更快速上漲，因為投資人會想到未來的美好時光，因此推高股價，而這會推高本益比。投資人過度樂觀，最終可令股價脫離經濟現實，但別期望光靠本益比就能研判轉捩點是否已出現。本益比很高不代表股價必須下跌，一如低本益比不代表股價必須上漲。在整個1990年代中後期，本益比一直維持相當高的水準，而期間股市持續大漲。1998年底，標準普爾500指數本益比為32.6，然後該指數1999年升21.0％。[56] 1995、1996及1997年底，美股本益比均顯著高於歷史均值，[57] 然後股市分別於1996、1997及1998年上漲23.0％、33.4％及28.6％。[58]

　　1999年底，也就是距離2000年股市觸頂僅數個月，美股股價相對於企業盈餘真的很高，終於是「太高」了。但1999年底美股本益比是30.5，[59] **低於**前年年底！但股市在2000年的風險，比1999年高。而且，30.5的本益比也**低於**2002年底的水準。換句話說，2000年至2003年大空頭走勢接近結束時，

---

56 Global Financial Data公司，標準普爾500指數本益比基於前12個月盈餘，1998年12月31日之數據；標準普爾500指數總報酬，1998年12月31日至1999年12月31日。

57 Global Financial Data公司，標準普爾500指數本益比基於前12個月盈餘，1995、1996及1997年底數據。

58 Global Financial Data公司，標準普爾500指數總報酬，1996、1997及1998年全年表現。

59 Global Financial Data公司，標準普爾500指數本益比基於前12個月盈餘，1999年12月31日之數據。

美股本益比**高於**空頭走勢開始時的水準——但股票的風險，在空頭尾段自然是比初段低得多。

低本益比又如何？是否代表低風險？我們可以換個方式問：1929年美股本益比是低還是高？民間傳說告訴你，那時的本益比很高，但如我在1987年的著作《華爾街的華爾茲》中指出，當時的本益比其實相當低，約為13，肯定不是傳說中的高水準。但即使如此，股市仍陷入一段慘烈的空頭走勢。事實上，我覺得那時的低本益比令人誤以為股票很安全，令投資人在企業盈餘崩跌前志得意滿。當時的本益比那麼低，是因為企業盈餘偏高。

低本益比有時可能一如傳說所言，意味著股價相對於盈餘「太低」，很可能將上漲。1981、1982、1983及1984年底美股本益比均相當低，而翌年股價皆有不錯表現，一如多數人的預期。[60] 低本益比有時的確意味著買入良機。但低本益比也可能代表盈餘已升過頭，很快將無以為繼，一如1928及1929年的情況。

因此，股價先於盈餘崩跌，是完全正常的事——這會產生低本益比，一如1980年底美股本益比降至非常低的9.2，而

---

60 Global Financial Data公司，標準普爾500指數本益比基於前12個月盈餘，1981、1982、1983及1984年底本益比分別為7.9、11.1、11.8及10.1。該指數總報酬1982年為21.6％，1983年為22.6％，1984年為6.3％，1985年為31.8％。

且1981年股市還是下跌。[61] 美股在1930、1931、1939、1940、1957及1976年均下跌，而大盤本益比在這些年度的上年底均處於低位。[62] 我還可以舉出很多例子。這些低本益比情況並不導致股價下滑，它們**不過是反映股價先於盈餘下滑**的情況。

著名作家葛楚‧史坦（Gertrude Stein）一度是我祖父的女友，她曾經就她的家鄉奧克蘭說過一句名言：「那兒什麼都沒有（There's no there there）。」

單單是本益比，是沒有任何可靠的預測功能的──無論你如何將大家關心的時段切割分析。它是某時某刻的一張不完整的快照。本益比對未來1年、3年或5年的風險或報酬不提供任何線索。你必須深入研究，嘗試了解本益比處於高、低或適中水準的原因及其意義，以及盈餘未來的走向──這並不容易。本益比無論是高是低，股價皆可漲可跌。本益比可保持在高位很長一段時間，而期間股市持續上漲；低本益比亦然。

許多人不想相信這些，因為他們想相信自己相信的──這可能導致行為學家所稱的驗證偏誤。人們想根據直覺行事

---

61 Global Financial Data公司，標準普爾500指數本益比基於前12個月盈餘，1980年12月31日之數據。該指數總報酬1981年為負4.9％。

62 Global Financial Data公司，標準普爾500指數本益比基於前12個月盈餘。該指數總報酬1930年為負25.3％，1931年為負43.9％，1939年為負0.9％，1940年為負10.1％，1957年為負10.9％，1976年為負7.2％。

（這是一種認知錯誤，見謬論7）。人們想尋找證明自己正確的例子，卻忽略違反自身既定觀念的例子，或是設法自圓其說。但是，無論你從歷史中找到多少個例子證明本益比有預測作用，我幾乎一定能找到同樣數量的反證（好奇的讀者可參考我在2006年的著作《投資最重要的3個問題》中的數學論證）。

最後，容我稍為借題發揮一下。人們常幻想有某個指標可預測個股或大盤的走勢，但現實中並無這樣的指標。無論是本益比、股價淨值比、股息殖利率，還是我向來鍾愛的股價營收比，都沒有這種神奇功能。你渴望的神奇指標至今仍不見蹤影。如果某天真的出現這樣一個指標，也很快就會變得眾所周知，然後迅速失去其功能。遺憾的是，投資從來就不是那麼簡單。如果投資真那麼容易，所有人都將能打敗大盤。而你知道，這根本是不可能的。

迷思 27
強勢美元真好？

你是否聽過以下說法？「美元疲軟不利於股市，強勢美元則好極了！」我想，你對此論調一定非常熟悉。

2000年代的大部分時候，美元對英鎊、歐元及美國多數貿易夥伴國的貨幣走貶。2009年，加元幣值逾30年來首度超過美元。真恐怖！期間美元也有回升的時候，例如2005年，以及2008年下半年。但無論如何，人們根深柢固的觀念仍是：美元貶值對股市不利，強勢美元則是好事。

畢竟，美元在2000年代大部分時候處於弱勢，而股市這10年表現差勁—— 基本持平。這就是證據！但是，2003、2004、2006以及2007年的多數時候，美元疲軟，但股市卻大漲。2001及2008年股市下挫時，美元卻處於強勢。但另一方面，2002年股市下滑時，美元疲軟；2005年股市上漲時，美元強勢；2009年股市出現歷來罕見的強勁反彈時，美元卻是

疲軟的。[63] 所以，這一切該如何解釋？事實真相如何？

⑤ 美元的兩難

　　人們擔心，美元疲軟代表大家對美國經濟信心不足，而這將導致（或正反映）經濟成長緩慢，股票報酬率低迷。此外，美元貶值會令美國的進口商品變得較昂貴。因為美國長期以來是淨進口國（見謬論48），這會令多數商品變得較貴，可能導致成長放緩，又或者這至少是人們的一大恐懼。相反地，人們相信強勢美元代表大家對美國信心十足，而這意味著美國經濟強勁，股市將持續上漲（事實不然，我們稍後將解釋原因）。

　　注意，人們抱怨美元疲軟，是因為美元整體而言，已疲軟了很長時間。有趣的是，我在2010年撰寫本書時，美元正走強。但你不會忽然聽到抱怨美元疲軟的人歡呼：「好耶！強勢美元代表一切順利！再來一杯馬丁尼！」此外，也有許多人害怕美元太強。美元升值，會令從美國出口的商品對外國人而言變得較貴，他們將因此減少購買美國貨。在1990年代，我們就常聽到人們說，美元太強很快就會扼殺美國經濟。但現在，大家多數忘了這些事。

63　Thomson Reuters，標準普爾500指數總報酬，2008年12月31日至2009年1月31日。

美元無論強弱，皆有利有弊。強美元本質上並不比弱美元優勝，反之亦然。你可以這麼想：貨幣並不像股票那樣，是本身會升值的資產。貨幣是一種「大宗商品」，弱勢僅是相對其他商品而言。因此，美元弱勢，是因為歐元或英鎊或其他貨幣強勢，反之亦然。

　　雖然人們並不這麼想，但事實是：美元弱勢意味著非美元貨幣強勢。順此邏輯推論：如果弱勢美元對美國不利，則非美元貨幣強勢就對美國以外的世界有利。因為美國僅占世界GDP略低於25％，[64] 根據這理論，弱勢美元對世界經濟的壞處，應不如非美元貨幣強勢對世界經濟的好處那麼大。因此，整體而言弱勢美元應該是好事。不，應該是大好事！

　　當然，這結論也不對──事實上，你再想想，就知道這是胡說。美元是強是弱，對世界整體而言並不重要。但相信弱勢美元不好的人，從不順著他們的邏輯推論下去，因此也就不明白自己的觀念為何是可笑的。

　　長期而言，因為貨幣的漲跌本質上是相互抵銷的，而且呈現不規則的周期性，匯率波動對全球投資組合的淨影響接近零。不過，即使你不想相信這事實，而你又不是統計學家，還是可以輕易檢視美元強弱對美股及全球股市是好是壞。

---

64 Thomson Reuters，國際貨幣基金組織，截至2009年12月31日。

$ 美元匯率與股市的關係

　　我們可用一個四格表（一如檢驗迷思24「1月效應」所用的）來檢視美元匯率與股市的關係，這是標準「破謬」工具之一。這表格顯示美元貿易加權匯率某年上漲或下跌，以及標準普爾500指數上漲或下跌所構成的四種可能情況（美元貿易加權匯率是合適指標，因為我們最關心的是美元對美國貿易夥伴國貨幣的升跌。舉個例子，美國跟不丹沒有多少貿易往來，因此我們並不關心美元兌不丹貨幣是強是弱）。**表27.1**顯示回溯至1971年的結果，布雷頓森林體系下的固定匯

> > > 表27.1　美元與美股走勢——美元升跌無關緊要

	美元漲	美元跌	總計
美股漲	15（38%）	15（38%）	30（77%）
美股跌	4（10%）	5（13%）	9（23%）
總計	19（49%）	20（51%）	

資料來源：Global Financial Data公司，美元貿易加權指數，[65] 標準普爾500指數總報酬，1970年12月31日至2009年12月31日。

---

[65] 美元貿易加權指數由聯邦準備理事會計算，以1975年至1976年為基期，基期值為100，共有10個國家納入指數，分別為比利時、加拿大、法國、德國、義大利、日本、荷蘭、瑞典、瑞士及英國。指數權重為各國1972年至1976年間的國際貿易量。

率制結束於這一年。

　　首先，一如所有類似統計，美股明顯地漲多跌少——1971年以來，77％的年分為上漲（許多人就是無法牢記這事實：股市上漲遠多於下跌）。第二，我們無法從數據中看出美元強弱與美股漲跌有何關係：股市上漲的30年中，美元上漲與下跌的年分各占一半。

　　人們認為美元弱勢對股市不利，但有何證據？自1971年以來，美元貿易加權指數與美股只有5年一起下跌，頻率僅為13％。不過，這也並非證明美元弱勢對美股有利，這不過是證明我們無法以美元之強弱預測股市走勢（以及股市漲多跌少）。

　　有些人看到上頁**表27.1**顯示美元下跌年分（略為）超過上漲年分，可能因此認為美元很糟，這結論也是錯的。我在2010年撰寫本書時，美元近幾年來跌多漲少。但美元弱勢，只是因為非美元貨幣強勢。貨幣有自然的周期漲跌，美元未來將再度經歷相對強勢的階段，一如1990年代部分時候的表現。

　　有趣的是，**表27.2**顯示將美股換成全球股市，結果幾乎完全一樣。無論強弱，美元匯價不影響美國或全球股市的方向。

>>> 表27.2　美元與世界股市走勢——美元升跌無關緊要

	美元漲	美元跌	總計
全球股市漲	14（36%）	16（41%）	30（77%）
全球股市跌	5（13%）	4（10%）	9（23%）
總計	19（49%）	20（51%）	

資料來源：Thomson Reuters，MSCI全球指數總報酬（計入淨股息）；Global Financial Data公司，美元貿易加權指數[66]；數據時段均為1970年12月31日至2009年12月31日。

$ 美股與全球股市：你漲我跌？

　　換個方式想想（並透露一點第五部的內容）：如果美元弱勢對美股不利，那麼非美元貨幣強勢應該對美國以外的股市有利，所以非美國股市和美股因此應反向而行：美股上漲時，非美國股市多數時候應下跌，反之亦然。但事實並非如此。美股和非美股的相關性很強（見謬論43），而這跟美元、日圓、英鎊、馬來西亞以至不丹貨幣的相對強弱毫無關係。多年來，全球各地股市呈現明顯的相關性——可能比多數人知道的更強、更長久。因此，美元貶值壓低美股但推高非美國股市的說法是謬論，令美元（或其他貨幣）匯率左右

---

66 同上。

股市的整個理論變得不可信。

這為何重要？因為不時總有人會說，美元走勢太弱（或太強）對股市不利。別理會這種說法，又或者你可以視之為小小的多頭因素，因為投資人沒有根據的擔心，幾乎總是多頭因素。沒錯，有些事情可能確實對股市不利，但不會是美元本身。「美元匯率左右股市走勢」說法已證實是謬論，大家應破除迷思，致力了解真正影響股市走勢的因素，這樣你的時間才能花得更有效益。

迷思 28
別跟聯準會作對？

「別跟聯準會作對」是股市中人人都知道（但錯誤）
的一個概念，其大意是聯準會連續升息數次對股市
不利，而連續降息數次則對股市有利。其理念是寬鬆的貨幣
政策令流動性大增，而這對股市是好事——相反地，央行升
息則是從經濟體中抽走資金，因此對股市不利。有些人認為
「別跟聯準會作對」應以貼現率為準，有些則認為聯邦資金
利率才是指標，還有些人認為應該看整體短期利率。全錯！

我希望大家都能了解，任何教人「某情況下一定要賣
出，某情況下一定買進」的市場格言，都是謬論（投資有那
麼容易就好了）！據我所知，沒有一個指標是持續有效，萬
無一失的。如果你明白沒有一個指標是接近萬無一失，就會
知道「別跟聯準會作對」是謬論。

$ 貨幣現象

　　但假設你還是想要證據，那就來看看近年的情況吧。2001年至2003年間，聯準會持續降息，但這期間股市重挫。如果你乖乖地不與聯準會作對，你將在這場大空頭市場中損失慘重。2007年至2009年的空頭市場也一樣，而且情況更糟。聯準會於2007年末（此時股市開始進入空頭走勢）開始降息，聯邦資金利率目標一直降到0％至0.25％，而這一切發生在股市慘跌之際。相反地，2004年至2006年間股市上漲，但期間聯準會卻在升息。

　　這是怎麼回事？沒錯，降息是聯準會增加貨幣供給的方法之一。但經濟成長強勁時，聯準會會大幅降息嗎？如果央行官員頭腦正常，他們是不會這麼做的。別忘了經濟學家米爾頓·傅利曼（Milton Friedman）說過：「無論在哪裡，通膨總是一種貨幣現象。」景氣熱絡時大幅降息，有如火上加油，可能導致通膨失控。聯準會若是運作得宜，升息就不是因為經濟陷入困境，而是因為央行認為有必要緊縮貨幣以控制通膨，而更重要的是央行認為經濟承受得起升息的影響。這跟「別跟聯準會作對」的說法幾乎恰恰相反；相信這種說法的人，其實是假定聯準會不知怎麼的通常判斷錯誤。有時的確如此，但通常不是這樣。聯準會升息時，經濟及股市通常是能承受其影響的。

事實是，無論央行是在升息或降息，股市皆可升可跌。貨幣政策整體而言處於寬鬆狀態時，央行可在某個區間內升息或降息；政策緊縮時，情況也一樣。政策利率調升或調降25、50甚至是100個基點，有時可能沒什麼大不了。每一次聯準會調整政策，你都會買進或賣出嗎？沒錯，大量資金在全球流動時，往往會有資金流入股市，而這的確可能推高股市。但是，聯邦資金利率並非影響全球流動性的唯一因素。美國經濟僅占全球GDP 24.6％，[67] 其他國家的貨幣政策同樣重要。

⑤ 對央行「退場」的擔憂

我在2010年撰寫本書時，正值史上規模罕見的全球貨幣刺激措施走到尾聲（各國紛紛降息，部分國家甚至推行量化寬鬆政策，而在此期間，股市於2008整年及2009年初重挫），很多人非常擔心刺激措施「太早」結束（當然，在此同時也有人擔心刺激措施結束得太晚。有時情況就是叫人左右為難）。人們擔心的，並非某範圍內小小的利率變動。人們害怕的是政策方向逆轉，擔心央行展開合理的升息周期，擔心升息扼殺經濟復甦。世界再度高呼：「別跟聯準會作對。」

---

67 2009年的數字。資料源自國際貨幣基金組織，世界經濟展望資料庫，2010年4月。

但只要檢視歷史（基本破謬術！），我們就會發現央行開啟升息周期並不可怕。**表28.1**顯示聯準會展開升息周期後，美股隨後12、24及36個月的表現：雖然並非百分百，但

>>> 表28.1　升息周期開始後的美股報酬率——
不必擔心聯準會升息

首次升息日	聯準會開始升息後的美股報酬率		
	12個月	24個月	36個月
1971年7月16日	8.4%	6.6%	-18.8%
1977年8月16日	5.7%	10.6%	25.2%
1980年10月21日	-8.9%	5.5%	25.9%
1984年3月22日	14.3%	48.9%	90.3%
1986年12月4日	-11.5%	7.4%	38.9%
1988年3月30日	13.3%	31.7%	45.4%
1994年2月4日	1.9%	35.3%	68.0%
1999年6月30日	6.0%	-10.8%	-27.9%
2004年6月30日	4.4%	11.3%	31.8%
平均值	3.7%	16.3%	31.0%
中值	5.7%	10.6%	31.8%

資料來源：Thomson Reuters，標準普爾500指數價格報酬。

正數報酬率占壓倒性多數。歷史先例顯示，央行開始連續升息，絕非預示股市將下挫。

因為美股與非美股相關性通常很強，將美股換成全球股

>>> 表28.2　升息周期開始後的全球股市報酬率——
　　　　　不必擔心聯準會升息

首次升息日	聯準會開始升息後的全球股市報酬率		
	12個月	24個月	36個月
1971年7月16日	15.0%	19.0%	-6.9%
1977年8月16日	17.3%	24.2%	39.7%
1980年10月21日	-13.3%	-7.9%	12.5%
1984年3月22日	8.8%	63.1%	132.8%
1986年12月4日	6.9%	36.7%	55.3%
1988年3月30日	11.0%	7.2%	11.8%
1994年2月4日	-2.9%	18.6%	31.6%
1999年6月30日	11.0%	-12.6%	-26.8%
2004年6月30日	8.1%	24.2%	50.8%
平均值	6.9%	19.2%	33.4%
中值	8.8%	19.0%	31.6%

資料來源：Thomson Reuters，MSCI公司，MSCI全球指數價格報酬率；1980年以前的報酬率採月底數值計算。

市，也能得出相同結論（見**表28.2**）。聯準會啟動升息周期後，全球股市接下來12、24及36個月的表現多數良好。

一般來說，在大家都看到經濟明顯復甦後，央行展開升息周期的現象絕不合理。聯準會確實會犯錯，而決策官員一般不想在經濟復甦時太早緊縮貨幣。畢竟，聯準會決策官員本質上是「政治動物」——他們是總統任命的！他們喜歡自己的工作，希望保住飯碗——他們不想扼殺經濟復甦，免得讓老闆（也就是總統）難堪。他們能否再獲任命，決定權在總統手上。

表28.1及**表28.2**也告訴我們，一般來說，股市升勢持續很久，比多數人想像的久。這些數據也告訴我們，當央行展開升息，甚至是開始連續升息，並不可怕。

迷思 29

你真的需要股息，來支付開銷嗎？

你是否覺得以下說法反映你的情況？「到某個時候，我的投資組合必須產生某個數額的現金流，以支付退休生活的部分或全部開銷。」

這麼想的並非只有你。隨著企業減少對員工退休金的承擔，許多投資人的主要目標之一，是為退休存夠錢（換句話說：對許多人來說，社會保險是不夠的；計畫單靠社會保險養老的人，很可能飽受傷害）。

那麼，你是否認為自己退休後，將需要一個滿是高股息個股及付息債券的資產組合，好讓你有收入支應生活開銷？

回答「是」的也並非只有你一個。這想法很普遍，但它是容易拆穿的危險謬論，相信的人可能落入老來窮的困境。

當然，或許你不必擔心這問題，例如你可能擁有一個價值1000萬美元的資產組合，而你每年只需要5萬美元的生活費，而且不介意這5萬美元並非經通膨調整。又或者你雖然並

不擁有1000萬美元，但你不介意自己的資產因為再投資的風險而縮水，也不擔心手上的高股息個股忽然停止配息。

但是，既然你在看這本書，你很可能不希望自己的資產停滯不前，甚至縮水——如果你僅關注利息與股息，這正是可能發生的事。你2000年購買的、殖利率6.7％的債券到期，2010年相似的債券殖利率跌至僅3.5％，[68]這該怎麼辦？個股因為景氣艱困而大砍股息，股息殖利率從8％降至2％，又該如何？完全停止配息又該怎麼辦？這種事是可能發生的，而你大概不想發生在自己身上吧？

再問你一個價值千萬的問題：你退休後還有很長的人生要過，你想過這段期間的通膨嗎？

利息與股息，根本就稱不上是支應退休生活開銷的「安全」收入。但投資人該如何從他們的投資組合獲得現金呢？你該不會想賣股票吧？

$ 自產股息

有何不可？首先，許多投資人的資產配置是不恰當的，部分原因在於他們認為自己必須「穩健至上」（迷思3），另外也是因為他們認為自己需要股息和利息作為現金收入。這

---

68 Bloomberg Finance, L.P.

混淆了「收入／收益」（income）與「現金流」（cash flow）的概念。沒錯，美國國務局也是視利息與股息為收入，並向你徵收所得稅。不過在稅後基礎上，你是不必理會自己的現金從何而來的。

你繳房貸、付電費，以至在餐廳埋單時，沒有人在乎你的錢是來自股息、債券利息還是出售股票，你也不應在意。按照美國稅法（2011年的規定），長期資本利得的稅率，可能比利息和股息低，後者是按照你（很可能）較高的「賺取」所得邊際稅率課徵。因此，如果你操作得當，要從投資組合中獲得現金，出售股票可能是效益更高的方法。這也意味著在適當情況下，你可以將更多資金留在長期報酬料將較高的資產上（見迷思2或3）。

這是假定你無論是否退休，未來還有很長的日子要過——現在已屆正常退休年齡的人，多數如此（見迷思3）。假設你存了100萬美元，希望每年有4萬美元可用（如果你每年支取的現金，超過資產組合初值的4％，你最終不夠錢用的風險會比較高）。假設你希望每個月均領到相同金額，也就是3333美元。這很簡單，你只需要在投資組合中一直維持每月開銷約2倍（也就是7000美元左右）的現金。如果股市上漲，這麼少的現金部位不會顯著影響你的投資績效；如果股市下跌，你也不必急於在相對低點出售持股。

你也可以有技巧地選擇售股的時機和內容。你可以出售

下跌股，降低你必須納稅的資本利得。你還可以減持權重過高的個股。你甚至可能在尋求較高的總報酬時，偶然持有一些高股息個股，以獲得現金收益；不過如果你這麼做，你必須確定它們是適合你持有的股票，而且不會光是因為股息而被綁住了。和所有其他資產類別一樣，高股息股票流行有時、失寵有時，因此有時可以持有多一些，有時則應減持。作為一個資產類別，高股息股票通常在其他所謂的「價值股」受寵時表現優異，在所謂的「成長股」受寵時表現不佳（見迷思10）。

這種產生現金的方式，我稱為「自產股息」（homegrown dividends）。我的公司就幫許多客戶這麼做。這是產生現金流的節稅方式，而且還有助你維持最合適的資產組合（考量你獨特的投資期限）。

因此，你應該想的是「現金流」而非「收入」，而且別在意現金從哪裡來。

迷思 30

買一張利率5％的存款單，就能得到5％的現金流——有這麼簡單？

　　我曾遇過許多不明白自己為何需要投資股票的人。他們認為自己生活節儉、不貪心，而且「保守」。他們可能存了50萬美元——對接近退休的人來說，這不算多，也非異常；畢竟他們有數十年時間儲蓄，只要正常去做，不難辦到。他們每年可能只需要2.5萬美元花用——對他們來說，已足夠有餘。他們還可能獲得一些社會保險給付。他們決定盡可能不冒風險，於是買一些利率5％的存款單，或是收益率5％、超安全的其他投資工具。大家都知道存款單很安全！他們不買股票。對他們來說，購買固定收益證券最安全，一點也不危險。

　　但事實是，長期而言，這對他們來說風險極高。首先，在2010年以至2011年，市場上幾乎不可能找到利率5％的存款單。如果有人賣你這樣的存款單，肯定是來自有倒閉之虞的機構（更糟的是你可能遇上騙子，如迷思11提到的艾倫・史

丹佛，他涉嫌經營老鼠會，以高利率吸金）。你也不可能知道未來利率將怎麼走。而且沒人能保證你手上的存款單與長短期債券到期時，一定能找到收益率相若甚至更高的證券代替。你可能必須購入收益率較低的證券！這是常有的事。

而且，這種投資方式忽略了非常重要的通膨風險。通膨是真實的潛在危險，可能重創構造不當的投資組合。沒有人可以準確預測長期通膨，但它是投資人無法忽略的巨大長期風險。

⑤ 無聲的殺手

通膨風險不難明白，你自己就可以算算看。你必須回答的問題是：今天的貨幣，20年後還同樣值錢嗎？即使不查數據，你也知道答案：不可能啊，老兄。通膨，是無聲的殺手，「殺死」太多未能為投資組合規畫足夠成長的退休人士了（往往是因為他們低估自己的投資期限）。而且，待傷害已造成時，當事人往往已不可能收復失土，有時甚至是連收復一點點也不可得。

怎麼會這樣？問題在於人們的通膨觀念是錯的。在零通膨的世界，物價亦並非全數不變。通常是約一半商品漲價，有些小漲，有些大漲，約一半商品的價格則或多或少下跌。某些商品價格漲得較快，是受基本的總體經濟因素左右。圖

>>> 圖30.1　美國20年通膨情況——有些物價漲得多，有些漲得少

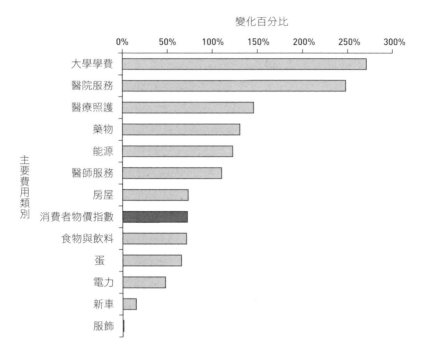

資料來源：Thomson Reuters，美國勞工統計局，1989年12月至2009年12月成本變化百分比。

30.1顯示數類常見的商品（你一生中很可能都買過）近20年來的漲價幅度，並顯示常用的通膨指標——消費者物價指數（CPI）的同期升幅。

　　令人驚訝的是，近20年來，相對於整體物價，汽車和服

飾變便宜了。食物成本的漲幅，則與整體物價相若，但蛋實質上便宜了很多——一盤歐姆蛋（omelet）看來可真超值。不過，漲幅大幅拋離整體物價的，有大學學費、醫院服務、醫療照護、藥物及醫師服務等。

你估計自己退休後，消費的醫療服務將增加還是減少？這些服務的價格，漲幅比整體物價大得多。我們可以爭辯此中原因，但未來這種情況料將持續下去。

假設你僅將經歷平均通膨率：近20年來（至2009年底），美國消費者物價指數年均成長3％。[69] 近數十年來，通膨率趨跌，因此未來物價平均漲幅可能會低一些。但也可能高一些！不過就假定通膨率年均3％，這樣的話，1年2.5萬美元的開銷，若要維持相同購買力，10年後則需要3.36萬美元，20年後則需要約4.5萬美元，30年後需要約6萬美元。今天退休的人，輕易再活個30年，將是很平常的事（也就是說，如今65歲的人，很可能活到95歲。這並不奇怪，我祖父活到83歲，我父親活到96歲，我姑姑活到91歲。未來許多人將這麼長壽，95歲將有如現在的85歲）。而人到晚年，可能會想花錢過得舒服些，這些開銷是你現在沒想過的。而且，人老時將增加的開銷，很可能將是價格漲幅遠大於通膨率的類別（如醫療、藥物、能源等）。

---

69 Thomson Reuters，美國CPI，1989年12月31日至2009年12月31日。

無論如何，你那利率5％的存款單（假設你找得到，而且每次需要再投資時，一樣能找到——這兩者皆是無人能保證的）可讓你不必經歷股市的短期波動，但你的購買力卻可能受通膨重創。如果你的購買力20年後只剩下42％，你應該不會覺得這是安全或保守的投資方式。

　　為了保住購買力，絕大多數投資人需要自己的資產組合有所成長，而這意味著你夢想的5％存款單是行不通的。永遠別忘了通膨的影響。

迷思 31
當嬰兒潮世代退休時，
就是世界末日？

　　親愛的讀者，如果你不屬於嬰兒潮世代（泛指1946年
至1964年出生者），你或多或少也認識一些這世代
的人。而且你知道，史上人類面對的最大威脅……嗯……正
是嬰兒潮世代紛紛退休。

　　故事是這樣的：拜二戰之後的「嬰兒潮」所賜，在我執
筆本書的2010年當下，這些年約45歲至65歲的人占總人口很
大比例，因此大量的嬰兒潮世代將差不多同時退休，拋售股
票，轉投安全的債券，以保障其退休生活──也可能會有人
將現金埋在後院裡。屆時，社會將出現年輕勞動人口不足的
問題，垂垂老矣、可能需要用成人紙尿片的退休人士將得不
到足夠的供養。因此，股市將重挫，並永遠萎靡，或至少低
迷很久。

⑤ 嬰兒潮世代的投資期還很長

　　英勇的嬰兒潮世代不再像正值壯年、努力累積資產時那樣支撐股市，股票價格勢將下滑，對吧？這真是胡說八道。股市消化公開資訊的效率極高，嬰兒潮世代的出現，以及他們將於什麼時候退休，是從一開始就眾所周知的事。人們擔心嬰兒潮世代退休將造成種種問題，也同樣由來已久。我們可以爭論股價需要多久才能反映未來事件，但不管怎麼說，嬰兒潮議題顯然是存在「夠久」了。

　　而且，如果你看了迷思3和4，應該知道今天65歲的人（也就是現在開始退休的嬰兒潮世代），將比以前所有世代更長壽，餘命還很長——20年或更多。如果身體健康及／或配偶較年輕，他們勢必將活更久。更別忘了，根據人口統計，多數嬰兒潮世代距離退休還有10到20年——他們的餘命還有40年，甚至更長。投資人若是還有20、30或40年需要投資，而且擔心未來通膨加劇，是不太可能大量拋售股票的。

　　但你可以忘了這一點。在今天全球一體化的經濟中，購買股票並非只有你那快退休的鄰居，還有世界各地的投資人——包括新興市場國家平均而言非常年輕的民眾；他們的人均所得正快速增加，而整個新興市場占全球GDP已達25％，比美國還多。

　　此外，持有一家公司的股票，是代表擁有公司未來的盈

餘。在世界各地做生意的公司，未來能否繼續賺錢，跟有多少人退休，以及何時退休毫無關係。如果你認為嬰兒潮世代不會動用他們累積的財富去寵愛他們的孫輩，你的頭腦可真有問題。老人家寵小孩，就意味著企業未來將賺到很多錢。

⑤ 人口變化不影響股市

　　無論是利多還是利空，人口的變化根本無法如許多人想像般地左右股市。人口變化非常緩慢（甚至就像冰河流動那麼慢），而且幾乎是完全可預知的。一般來說，股市不反映未來20至30年將發生的緩慢變化。股市反映未來12至18個月——最多24個月的事，尤其是多數人意想不到的變化。

　　股市向來不理會遙遠的未來將發生的問題。因此，雖然人們對未來總有許多憂慮，股市此時此刻根本就不理這些事。如果你很肯定地告訴我，2020年將有一顆重量級小行星撞上地球，毀滅所有生命，而如果大家都知道這件事，我認為股市將打個呵欠，忘了這回事好幾年，然後可能在2018年左右才開始反映這件事。只有意外及緊急的事能令市場出現波動，因為所有其他因素要不是遭忽略，就是已非常有效地反映在市場價格上。等等，你說全球暖化？對股市來說，那是你孫輩的問題！

⑤ 社會保險制度破產？別鬧了！

講到嬰兒潮世代，人們普遍擔心的另一件事，是美國社會保險制度將「破產」；有些人會告訴你，這是25年後的事，但也有人預計是30年、47.29年或更久之後的事。事實是，目前的情況若一直持續下去，美國政府的社會保險給付將超過稅收。這是鐵一般的事實！但破產？這意味著現實中有某個社會保險「基金」。事實不然。美國人繳稅給聯邦政府，各種各樣的稅全進入一個中央基金裡，然後被花掉。

社會保險「基金」不過是無聊的會計產物。任何年度，美國政府皆可利用美國人繳的社會保險稅做任何事，事實也是這樣──社會保險給付僅為政府支出的一部分。任何有關社會保險制度「破產」的估計，不過是對現實中不存在的一個基金的估計，雖然你看媒體報導幾乎永遠不知道這件事。

這不是說社會保險制度沒問題。它的確有問題，但只要國會通過議案，社會保險即可大幅改變，給付能力問題也將解決。有一天，國會將有足夠票數通過這種議案。什麼時候？我不知道。不過，這是需要堅強政治意志的事，而我估計，情況要變得嚴峻、急迫許多，政府才會採取斷然措施。在此之前，人們將持續擔心嬰兒潮世代退休令社會保險制度破產。但是，這種所謂的「破產」仍將是多年後才可能發生的事，而股市並不關心那麼久以後的事。

⑤ 資本市場勢不可當

別再擔心潮兒潮世代了。可能會有些人出售股票，但仍比你擔心的少。他們累積的大量財富不會憑空消失——未來數十年，他們將消費、投資，及／或將他們的財富傳給別人消費和投資；這過程將促進經濟成長，衍生更多財富，令企業盈餘與股東價值增加。美國嬰兒潮世代賣掉的股票，可能落在巴西或秘魯的年輕富豪手上，他們那邊的經濟成長率是美國的2倍。

事實是，整體而言，嬰兒潮世代在自己創建的上市與非上市公司中擁有的財產，遠比他們擁有的股票和債券多。他們退休時，很可能會賣掉許多此類低流動性資產，將錢投資在股票和債券上，抵銷許多人擔心將出現的空頭趨勢。

有些人認為資本市場玩的是零和遊戲，人們買賣股票有如小孩子交易彈珠。這些人不了解資本體制。資本市場一直在成長和擴張。為什麼？因為新企業不斷湧現，既有企業也會推出新產品和服務。有些公司會遭收購，有些公司與商品會遭淘汰，但通常會有更酷、更快、更小（有時更大）、通常更好的東西取而代之。這就是「創造性破壞」（creative destruction），是資本體制的命脈。也就是說，市場上總會有一些目前人們想像不到的新玩意推出，其創造者可能是一些你認為乳臭未乾的人（但他們將創造出新財富）。無論美國

是否將有大批投資人退休，然後每天下午打橋牌，也不會改變這事實。

迷思 32

集中資源，累積財富？

股市另一句「大家都知道」的箴言是：累積財富應集中資源，保護財富應分散投資。這是真的！集中資源有時可以非常有效地累積財富，但有時也可能致命。許多人遵循某種經驗法則，例如「永遠別讓一檔股票占投資組合超過5％」。多數人知道，僅持有一檔或數檔股票是很危險的。你確實可能獲得豐厚報酬（累積財富），但也可能受重創（摧毀財富）。不過，該集中還是分散，關鍵在於你選擇哪一條致富之路。

⑤ 持有雇主股票

我在2008年的著作《10條路，賺很大！》（*The Ten Roads to Riches*）中，闡述成為巨富的可靠途徑。當中不包括中樂透頭彩，因為這是你無法計畫的。但你可以計畫成為地

產大亨、替人管理資產，或是找一份好工作，然後明智地儲蓄和投資——這是致富十條路的其中三條。

自行創業是另一條致富之路，而且是賺最大的一條。世界上最富有的人，以創業執行長居多，他們一貫藐視上述的5％法則。比爾・蓋茲、傑夫・貝佐斯、麥可・戴爾全都是億萬富翁，而他們全副身家幾乎全押在他們創辦的公司上——投資組合接近100％在單一個股上。

查理・蒙格（Charlie Munger）又如何？他並非波克夏・海瑟威公司（Berkshire Hathaway）的執行長，但靠著當巴菲特的副手，自己也成了億萬富翁（身家15.5億美元[70]）。在《10條路，賺很大！》中，我將當副手列為非常實在、賺很大的一條路。副手雖然很可能無法像超級成功的創業執行長那麼超級富有，但查理的財富也非常可觀。

那麼，擔任美國數百大企業的執行長，但並非創辦這些公司的人又如何？（成為既有大企業的執行長，是致富十條路之一）。這些公司的高階經理人，例如財務長、營運長與資深副總裁又如何？從創業執行長到繼任的執行長，以至執行長最仰賴的副手，以至企業的高階經理人，他們是一大群有錢人，靠著集中資源於他們領導的公司，累積大量財富。

---

70 Matthew Miller and Duncan Greenberg, "The Richest People in America," *Forbes*, September 30, 2009.

這些都是致富的正當途徑。

這麼做是否得冒很大風險？當然是。但有一群美國人就是擁有無與倫比的企業家精神。如果比爾‧蓋茲遵循「永不讓單一個股占個人資產超過5％」的規則，他就不可能創辦微軟。果真如此，我保證世界會糟得多，至少我個人會糟得多，因為如果不用微軟的產品，我的事業不可能像現在這麼成功。

差別在於創業執行長、繼任的大牌執行長，以及很早就跟執行長一起拚事業的高階經理人，了解自己承受的風險（又或者是應該了解。我估計這些人多數了解）。即便是最成功的人，也曾經歷重大失敗（億萬富翁唐納‧川普〔Donald Trump〕曾多次宣布他投資的事業破產；他個人也曾瀕臨破產）。但是，如我在《10條路，賺很大！》中指出，如果你是走這些致富之路（創業、當創業者的副手，或是出任既有企業的高層），你可以遭遇重大挫敗好幾次，最終仍發大財。這不容易，但確實可能成功。

發大財往往得冒大險，將所有資源集中在一家公司，是很高風險的事。走這些路的人知道這一點，明白自己的財富可能一夜間消失，但他們仍堅持這麼做。我感激那些因此致富的人，也感激那些努力嘗試但未能成功的人，因為許多人汲取失敗教訓，後來成就了大事業，一如創辦沃爾瑪的山姆‧沃爾頓（Sam Walton）。這些人因此可以忘了5％法則。

⑤ 更多人走的路

接下來，我要講一些完全相反的話（如果你立志成為創業執行長、查理·蒙格型的超級副手，或是大企業的執行長，你可以跳到下一章）。

最多人走的致富之路是「老派方式」：找一份好工作，賺一份體面甚至是極高的薪水，然後明智地儲蓄和投資；有時投資不夠明智，則必須靠更高的經常性收入或是節儉度日彌補。誠然，這不是成為億萬富翁的路，但卻是最多人採用的致富之路；這些成功者的財富比不上大富豪，但仍非常可觀。走這條路的人多數明白自身處境，而對他們來說，5%法則對控制風險至關緊要。

而多數人是明白這一點的！他們知道不能讓資產過度集中，但因為某些原因，有些人碰到雇主發行的股票時，頭腦就亂掉了——他們會大量持有。但一檔股票就是一檔股票，即使那是你目前或以前服務的公司，5%法則仍然適用（除非你是很高層的經理人，如稍早所述）。如果你不是高層領導，而且不受持股期限限制，你很可能不應將逾5%的資產配置在雇主股票上，否則你便是過度冒險了——既然是走老式致富之路，就不應讓自己的所得和投資組合倚賴同一來源。

無論你多麼機靈、博學且了解市場，你在一家公司工作，不代表你持有該公司股票就不必承受股市波動風險；而

且你同樣必須承受更基本的風險，也就是你工作的公司可能破產。當股市進入空頭走勢時，絕大多數個股會下跌，你公司的股價也不例外；而你在這家公司工作，公司本身同樣可能出問題。

⑤ 業務細節與內線交易

以下這種話我聽過無數次：「不熟不買，而我很了解自己的公司。」好吧，或許你很了解自己負責的業務，但除非你是執行長或很高層的經理人，否則你根本不可能通盤掌握公司的營運情況。甚至連多數執行長也無法了解所有細節，他們因此聘請能幹的人管理業務，向他們報告（這些人是執行長副手或高階經理人）。除非你是非常高層的人，你很難知道公司是否將出大問題，或是否有高階經理人掏空資產。這種事是很難辨識的。有時同業發生大問題，你的公司的股票也可能一併遭殃。這是很常見的事。可以驟然間重創一家公司或一檔股票的事數不勝數。而如果你知道可能影響股價（無論是正面還是負面）的重大消息，然後在消息公諸於世前買賣股票，你便是犯了內線交易的重罪。

大家都還記得安隆（Enron）這家大做假帳，最後驟然崩潰的公司吧。你也肯定聽過跟假帳毫無關係的大批安隆中低層員工的悲慘遭遇：他們丟了飯碗，然後因為用退休金帳戶

投資安隆股票，以致累積的退休金幾乎虧損殆盡承受雙重打擊。雷曼兄弟於2008年9月破產時，也發生了類似的事。退休金以投資雷曼股票為主的人，遭受到慘痛打擊。如果他們遵循5％法則，這種事就不會發生。公司破產是常有的事，在景氣極佳時期仍會有公司破產。企業破產，並非僅是由弊案或政府突兀的干預造成的。

⑤ 不破產也可能重挫

當然，以上都是極端案例，或許你工作的公司不會破產；或許你的雇主是全球備受敬仰的公司，如奇異集團（GE），並且你投資很多錢在公司股票上。但從2000年的高位至2002年的谷底，奇異股價下跌62％，跌幅超過標準普爾500指數。[71] 而到2009年底，該股仍比2000年高位時低66％，表現同樣遠不如標準普爾500指數。[72] 這並不是說在這麼長一段時間內，奇異並沒有表現出色的時候。只是，單一個股，稱不上是一個投資組合。

如果你分散投資，然後投資組合中某檔股票崩跌，那當然倒霉，但也不算恐怖。通常總是會有一些股票表現優於大

---

71 Global Financial Data公司，奇異股票總報酬，2000年8月28日至2002年10月9日。

72 Global Financial Data公司，奇異股票與標準普爾500指數總報酬，2000年8月28日至2009年12月31日。

盤，有些不如大盤。但無論你多了解自己的公司或所負責的業務，事實仍是：個股可以崩跌，然後長期萎靡不振。

可能重挫的個股未必是你的雇主，它可能是你青睞的某檔股票或某一類股，如你祖父創辦的公司；又或者是近年炙手可熱的個股，如Google或蘋果。當大盤重挫時，系統風險是避無可避的。而且，弊案、商業決策失當、天災及其他完全無可預測的事件，也是防不勝防的。你只能藉由分散投資保護自己。

你可以當一名企業家，創辦自己的公司；又或者追隨某位富魅力的領袖；或者是當既有企業的高層，這些是集中資源，成為巨富的好方法。但如果你不是走這些路，那就得分散投資，遵循5％法則。了解這兩種致富方式的差別，非常重要。

第四部

歷史教訓

歷史績效從不是未來報酬的保證。那麼，本書特地開闢一部來談「歷史教訓」，又是搞什麼鬼？歷史無法告訴你股市將怎麼走。確實如此，沒有任何東西能告訴你股市將怎麼走。但歷史能告訴你某些預期是否合理。

太多人認為投資像一門工藝。我在著作《投資最重要的3個問題》中談過這問題。投資人往往以為，如果他們像學一門工藝那樣學投資，例如像鐵匠學徒那樣跟著師傅學習，自己有一天也能成為師傅，相對於別人占有某種優勢。

這麼想的人其實忘了股市消化公開資訊的效率極高，而絕大多數投資技術，尤其是那些研究所課程及大銀行與券商教的，也是「公開資訊」。應用這些技術，即使應用得非常出色，也無法讓你在股市占有優勢。

投資人基本上應該視投資為一門科學。研究科學時，你會提出假說，然後測試、印證，再測試，這是一個持續不斷的探索過程。投資人不像生物學家或化學家那樣擁有傳統的實驗室，但歷史就是投資人的實驗室。

幾乎每一天，你看報紙或電視，總會看到有人說：「我們正經歷XYZ，這實在糟糕，股市將因此受挫。」你也可能看到有人說：「我們將經歷ABC，這對股市是好事。」你一般較常聽到壞消息，因為壞消息比較吸引人。

當聽到這種話時，你首先應該問：「他們說的事，歷史上發生過嗎？多常發生？」因為如果某因素過去常出現，但

不常導致評論者預測的結果,他們最好能提出好理由,解釋為什麼這次不一樣(他們通常沒有什麼好理由,他們只是說「可怕的因素A」將導致「可怕的結果B」,但不提出任何證據)。

例如,政府財政赤字顯著升高時(這是歷史上常見的事),就會不斷有人預測經濟和股市將迎來末日。啊!這說法很容易取信於人,因為我們骨子裡自然痛恨赤字,並認為盈餘是好事。只是,我們為什麼要這麼想呢?這恐懼有根據嗎?你查證過歷史嗎?我們查了一下,發現這是謬論(迷思33)。

只要查證歷史,有一些基本的錯誤觀念是可以輕易被推翻的,例如高失業率對股市不利(迷思34)、黃金是資金的「避風港」(才不是,見迷思35)、加稅必將重挫股市(並非如此,加稅的影響有些複雜,見迷思36)、高油價壓低股市(迷思37)、各種疫症對股市很不利(迷思38),又或者是經濟表現受制於波動的消費支出(迷思39)。

歷史不僅是你驗證假說的實驗室(迷思35、36、37、38、39),還可以助你發現多數人不願看清(甚至嘲笑!)的形態,並藉此獲利(迷思40、41)。而正確的歷史視角,則可助你了解股市並非如許多人想的那麼「可怕」(迷思42)。

歷史績效的確不能保證任何事。但投資是講機率而非求

必然的！歷史是形塑預期的重要工具。永遠不要以歷史為唯一指引，但它是極佳的「破謬」工具，能助你看清世界。接下來，好好閱讀以下幾章吧！

迷思 33

政府最好能有財政盈餘？

　　近二十年來，如果你有看電視，肯定聽過「權威」人士讚美財政盈餘。根據他們（以及多數媒體、業餘與專業投資人，以及幾乎所有其他人）的觀點，財政盈餘是無與倫比的經濟和市場成就，而赤字則非常可怕。近幾年來，無論是在美國還是其他國家。這種聲音均日益響亮。

　　盈餘，代表政府歲入超過歲出，而這（據稱）是稱職、道德的表現，因此經濟應蒸蒸日上，股市則應上漲。相反地（根據這觀念），政府因為歲出超過歲入而產生赤字則是壞事，可以的話你不想看到任何預算赤字。當然，赤字越大越糟糕；但無論大小，赤字均將令國家背負更多債務——這是非常可惡的（見迷思45）。

⑤ 大家都相信的事，不一定正確

　　絕大多數人深信這一套。當你認識的人幾乎全數深信某種說法時，你就應該加以檢驗。我們應渴望財政盈餘嗎？盈餘能帶給投資人豐厚的股票報酬嗎？我們如何才能知道？很簡單：歷史上美國曾多次出現可觀的財政盈餘與赤字，你只需要看看每次出現大幅盈餘後股市的表現，以及赤字之後的情況。各位很容易就能找到美國及其他國家財政收支與股市報酬率的大量免費歷史資料。很簡單的破謬術！

　　下頁**圖33.1**顯示美國1947年以來，財政盈餘或赤字對GDP之百分比（這是衡量盈餘／赤字大小的正確方式），橫軸上方代表盈餘，下方為赤字，圖中標出了盈餘與赤字的相對高位。該圖顯示，美國1999年底出現顯著的財政盈餘，但隨之而至的是股市的大空頭。相反地，1982及1992年美國均出現龐大財政赤字，但隨後股市均走大多頭。此外，2009年全年均出現巨額財政赤字，但這年股市上演史上罕見的大反彈。盈餘無助於股市，赤字則並不拖垮股市。

　　第243頁**表33.1**顯示，過去美國出現可觀財政盈餘時，並不像多數人預期那樣帶給股市投資人豐厚報酬。該表顯示盈餘與赤字的相對高位，以及隨後12、24及36個月標準普爾500指數的報酬率。在財政盈餘升至高位後，股市隨後12個月報酬率平均為負0.2％，隨後三年累計報酬率平均僅7.2％。財政

>>> **圖33.1　美國聯邦財政收支對GDP之百分比**

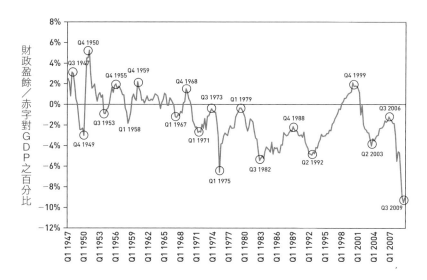

財
政
盈
餘
／
赤
字
對
G
D
P
之
百
分
比

資料來源：Global Financial Data公司，美國經濟分析局，截至2009年12月31日。

盈餘未必有利股市，事實上反而可能有害。財政赤字增至高位後，股市隨後12個月的平均報酬率反而高達22.1％，3年累計報酬平均為35.7％，顯著優於盈餘增至高位後的情況。請老實回答，哪一種情況看來更好？盈餘？還是赤字？

　　財政盈餘或赤字出現時發生什麼事，以及原因何在，是可以討論的。但因為赤字代表政府入不敷出，會導致政府負債增加，而人們根深柢固地認為負債是壞事，所以負債增加就更糟了（迷思45）。但為什麼呢？想像一下世界沒有債務

>>> **表33.1** 財政盈餘或赤字增至高位後的美股報酬率——
出人意表

盈餘觸頂		標準普爾500指數價格報酬		
時間		隨後12個月	24個月	36個月
1947年第三季	年度	2.6%	1.6%	8.8%
	累計	2.6%	3.2%	28.8%
1950年第四季	年度	16.5%	14.1%	6.7%
	累計	16.5%	30.2%	21.6%
1955年第四季	年度	2.6%	-6.2%	6.7%
	累計	2.6%	-12.1%	21.4%
1959年第四季	年度	-3.0%	9.3%	1.8%
	累計	-3.0%	19.5%	5.4%
1968年第四季	年度	-11.4%	-5.8%	-0.6%
	累計	-11.4%	-11.3%	-1.7%
1973年第三季	年度	-41.4%	-12.1%	-1.0%
	累計	-41.4%	-22.7%	-2.9%
1979年第一季	年度	0.5%	15.7%	3.3%
	累計	0.5%	33.9%	10.2%
1988年第四季	年度	27.3%	9.0%	14.5%
	累計	27.3%	18.9%	50.2%
1999年第四季	年度	-10.1%	-11.6%	-15.7%
	累計	-10.1%	-21.9%	-40.1%
2006年第三季	年度	14.3%	-6.6%	-7.5%
	累計	14.3%	-12.8%	-20.9%
平均	**年度**	**-0.2%**	**0.7%**	**1.7%**
平均	累計	**-0.2%**	**2.5%**	**7.2%**

赤字觸頂		標準普爾500指數價格報酬		
時間		隨後12個月	24個月	36個月
1949年第四季	年度	21.8%	19.1%	16.6%
	累計	21.8%	41.8%	58.6%
1953年第四季	年度	45.0%	35.4%	23.4%
	累計	45.0%	83.3%	88.1%
1958年第一季	年度	31.7%	14.7%	15.6%
	累計	31.7%	31.4%	54.5%
1967年第一季	年度	0.0%	6.1%	-0.2%
	累計	0.0%	12.5%	-0.6%
1971年第一季	年度	6.9%	5.4%	-2.1%
	累計	6.9%	11.2%	-6.3%
1975年第一季	年度	23.3%	8.7%	2.3%
	累計	23.3%	18.1%	7.0%
1982年第三季	年度	37.9%	17.4%	14.8%
	累計	37.9%	37.9%	51.2%
1992年第二季	年度	10.4%	4.3%	10.1%
	累計	10.4%	8.9%	33.5%
2003年第二季	年度	17.1%	10.6%	9.2%
	累計	17.1%	22.3%	30.3%
2009年第三季	年度	??	??	??
	累計	??	??	??
平均	年度	22.1%	13.9%	10.1%
平均	累計	22.1%	30.6%	35.7%

資料來源：Global Financial Data公司，美國經濟分析局，標準普爾500指數價格報酬，截至2009年12月31日。

的情況：絕大多數人無法買房子或汽車，甚至沒辦法上大學。若不能借貸，許多人將不會創業。所以為什麼沒有負債會是好事？

但你知道，個人債務若是負責任地運用（絕大多數人是這樣），是沒問題的——可以豐富我們的生活，甚至是提升我們的賺錢能力。想想2008至2010年一直抱怨銀行不放款或放款不足的人，他們明白銀行放款是經濟成長必要且健康的一股推動力。據我所見，最大聲抱怨銀行放款不足的人，也是那些最大聲抱怨我們過度負債的人（令我想起世界各地幾乎所有政客）。奇怪！這怎麼說得通？

企業負債通常也沒問題。企業經常明智地舉債花用——用於研發（人人都喜歡更酷、富創意、延年益壽的發明）、建新廠房、雇用員工（人人都希望降低失業率）、擴展業務、收購對手，以及推出新產品。當然，無論何時總會有公司陷入困境，它們的股價會重挫，高層的身家隨之縮水，執行長可能被炒魷魚。如今企業執行長甚至可能必須接受國會某個委員會的拷問。不負責任地舉債會產生嚴重後果，多數人和公司害怕這種後果，也會致力避免陷入這種境地。別理會煽情的媒體報導——整體而言，除某些例外，絕大多數人和企業均負責任地運用債務。

💲 政府債務與貨幣流通速度

　　遺憾的是，我們的政府常不智地運用債務。當你我借錢使用時，就是正常地借錢使用，但美國聯邦政府則常為了價值成疑、效益不彰的事舉債。好在政府用錢，總會流向以下三處：其他政府（外國、州或地方等）、機構（營利或非營利的），或人。收到錢的政府機關通常也是花錢花得很不明智（例如花300美元買一把鎚子，建一個每天只有三班飛機飛華盛頓、再無其他航班的機場），但這些錢還是會再流出去（主要流向機構和人）。

　　拿到錢的機構和人將正常使用這些錢——用來付薪水、購買電腦、繳電費、付保費，購買木材以至各種雜物。收到錢的機構或人又將正常地用這些錢，諸如此類。這些錢每用一次，經濟均受惠。因此，即使政府借錢花用做得很蠢，但因為隨後的機構和人正常用錢，經濟仍可受惠。

　　新創造出來的貨幣（例如藉由銀行放款）在經濟中流轉的速度，稱為流通速度。在美國，銀行放款給政府創造出的新貨幣，頭12個月內平均被使用6次。若非政府借錢，這6次用錢是不會出現的。當中5次是正常的，而第一次往往用得很蠢，但那正常的5次有助刺激經濟。市場知道這一點，因此歡迎政府舉債花用。這就是為什麼財政赤字龐大，甚至是升至頂點時，股市接下來的報酬率相當好。政府釋出的錢四處流

轉，有些流入股市，有些則促成上市公司的盈利成長。

　　這也解釋了股市為何在財政大幅盈餘後表現不濟。財政盈餘意味著政府歲入超過歲出，當局因此將償還貸款（減債），貨幣流通量因而減少。在此情況下，上述的5次正常用錢不會出現，經濟也不會受刺激。股市不知怎地了解這一點，表現因此不是很好。

　　因此，我不擔心美國及其他已開發大國出現財政赤字。我在著作《投資最重要的3個問題》中，列出英國、德國及日本的財政盈餘與赤字高位，以及隨後的股市報酬率。結果一樣：赤字高位之後的股市報酬率，輕易打敗盈餘高位之後的水準。我估計幾乎所有主要已開發國家均如此。

　　雖然你很可能討厭政府債台高築，但如果你看到政府出現巨額財政赤字，未來負債因此增加，你不應因此對股市悲觀。歷史經驗非常清楚地揭示，股市投資人其實應樂見財政赤字才對。而如果你真的非常害怕或討厭政府負債，認為這足以令你對股市悲觀，你應該看看迷思45。講到股票，我害怕的其實是財政盈餘，你也應當如此。歷史顯示，財政盈餘對股市不利。這才是重點。

迷思 34

高失業率很恐怖？

每次經濟陷於衰退或剛結束衰退時，總是有人說：「在失業率下跌前，股市無法上漲。」但股市，就是會在失業率下跌前上漲。失業率落後於股市，且通常落後很多。我出道38年來，情況一直如此，而且綜觀歷史，毫無例外。

上述謬論之所以流行，是因為符合人們的直覺。人們相信高失業率意味著消費減少，這對企業盈利不利，因為企業營收相對萎縮。根據這邏輯，高失業率將因此對經濟及股市均不利。但市場的運作，往往是反直覺的。

極少有人說相反的話：當失業率居高不下時，股市可以、也應該上漲。但事實向來如此！而且，如我一再重申，幾乎所有人都相信某件事時（帶著宗教狂熱般地相信，認為質疑者是神經病），我們更有必要檢驗是否正確。不妨查閱歷史資料！你需要的數據，往往可輕易免費獲得。

⑤ 失業率與股市同時上漲？

即使只是看看近年的情況，你也會開始覺得有問題。2009年發生什麼事？美國失業率整年都在上升，升逾10％。啊！但股市這年表現卻很好——美國及全球股市自3月低點分別勁漲68％及73％，整年分別收高26.5％及30％。[73] 股市在失業率上漲之際大幅上升。這並非一時運氣（我甚至在23年前就寫過這點，見我1987年的著作《華爾街的華爾茲》）。檢視美國自有月度失業率數據以來的情況，會發現股市幾乎總是在衰退結束前觸底，而失業率則往往在衰退結束後繼續上升好一段時間。誠然，你還是可以找到幾個小例外，例如2001年短暫溫和的衰退——股市在衰退結束後才觸底，但仍遠比失業率觸頂早。衰退結束及股市觸底回升，總是發生在失業率觸頂回落之前，無一例外。

想像自己是某家公司的執行長。你覺得衰退將至，因此開始降低庫存——你不想在顧客減少光顧之際滿手存貨。但光是這樣省不了多少錢，因此你開始裁員。沒有執行長喜歡裁員，但為了公司、顧客，以及仰賴你的留任員工，你必須盡可能令公司變得精悍高效（許多人喜歡抨擊執行長裁員，

---

73 Global Financial Data公司，標準普爾500指數總報酬，Thomson Reuters，MSCI全球指數總報酬（計入淨股息），2009年3月9日至2009年12月31日及2008年12月31日至2009年12月31日。

但這種批評往往不合理。執行長不裁員，讓整家公司倒閉，令更多人失業，難道這樣更好？）

現在問你：何時開始恢復請人？在營收回升之前？不！那可真瘋狂！你的財力還不足以增加人手。你要等待營收上升，而這通常要到經濟開始好轉許久之後才會出現。

等等，光是營收稍稍上漲，你仍不必急於增加人手，因為致力撙節成本，等於你的公司在衰退期間提升生產力（也就是說，你留任的員工學會以較少人力應付業務需求）。這非常好，因為只要營收稍見起色，公司盈利即可能大幅增加。這對股東是大好事。

所以你的公司景況復甦，營收日增，盈利大幅改善（可能是轉虧為盈），生產力也顯著提升。但你仍不願請人，還不是時候。你在景氣艱困時學會緊縮人手，現在不會輕易改變做法。你擔心景氣再度惡化。媒體常討論「雙底衰退」，說不定這一次就是這樣（人們若檢視歷史，便會發現雙底衰退極其罕見，但大家仍會擔心）。

因此，你先是雇用兼職及契約員工，而不是必須保障福利齊全的全職員工。兼職及契約工成本較低，較容易雇用和解聘，而且很可能不必提供福利。只有等到營收已成長好一段時間，員工已竭盡所能，不增加人手將妨礙營收繼續成長時，你才會決定開始增聘全職員工。即便如此，這仍需要一些時間，因為招聘需要時間，並非一夜間就能完成。

$ 失業率是落後指標

　　圖34.1正彰顯了這種情況，該圖顯示自1928年12月美國開始有月度就業數據以來，失業率走勢（曲線）與經濟周期（灰色區代表衰退期）。圖最右邊的深灰色條形，是我基於美國GDP成長及請領失業金人數趨勢，對2007年12月開始的這場衰退何時終止的估計（界定經濟周期的美國國家經濟研

>>> 圖34.1　衰退結束後，失業率往往仍上漲

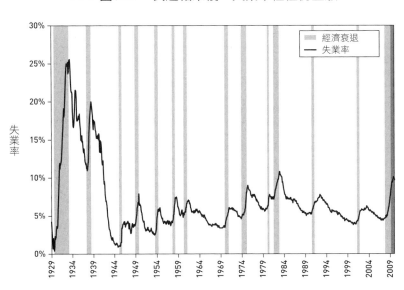

資料來源：Global Financial Data公司，NBER，美國勞工統計局，截至2010年2月28日。

究局〔NBER〕通常要到衰退結束許多個月後，才宣布衰退已於何時結束）。失業率落後於經濟周期的時間近來拉長了，可能是因為電腦應用普及後，企業的人力控管變得空前嚴密。因此，這種滯後現象料將持續下去，而且可能越來越顯著。

媒體上常有人高談闊論，稱2007年至2009年的衰退是一場「準大蕭條」或「大衰退」，但事實是：失業率從未升至接近大蕭條時的水準，還略低於1981年至1982年衰退時的水準。此外，每次衰退時，失業率在整段衰退期內上升，衰退結束後仍續升一段時間，有時是持續很多個月。這是因為企業管理層在衰退剛結束時仍十分審慎，盡可能維持精兵簡將的狀態——這是促成衰退結束時，企業盈餘大幅成長的因素之一。管理層精簡組織也是會熟能生巧的，因此經濟復甦時，企業往往能保持較精悍高效的狀態。

此外，失業率這數字本身就有點古怪。它並非測量人們普遍以為其所測量的情況：失業率並不是沒有工作的人數除以總勞動人口，而是指在某個時候正在找工作的人數，除以正在找工作加正在工作的人口。因此，根據失業率的定義，沒有工作的人如果不找工作，是不算失業的。在經濟復甦時，有些原本已放棄求職的人受到鼓舞，突然恢復找工作，這實際上會令失業率上升（儘管就業人口也可能上升）。失業率因此是一個落後而非領先指標。

當然，股市才是「終極」領先指標，因此幾乎總是在衰退尚未結束時就上漲。如果你總是等待失業率下滑證實景氣好轉後才買股票，就很可能會錯過非常可觀的漲勢。下頁**表34.1**顯示失業率觸頂後，標準普爾500指數隨後12個月的報酬率，以及將時間推前6個月，同一指數的12個月報酬率。結果非常清楚，如果你在失業率觸頂前6個月買進（也就是在失業率仍在上升時買進），你的報酬率會比在失業率觸頂時買進好得多。這往往是因為提前買進，可捕捉到新多頭市場初段非常強勁的升勢。如果你在失業率觸頂時買進，報酬率仍相當好──12個月的報酬率平均有14.7％；但如果你提早6個月買進，則12個月的報酬率平均高達30.6％。

　　當然，準確預測失業率的觸頂時間幾乎是不可能的事。我也不知道有什麼理由去嘗試做這件事，因為失業率是一個不大有用的數據。但重點是，你不應只是因為失業率居高不下就害怕買股票。

　　這種恐懼源自人們的錯誤觀念，他們認為既然消費支出占美國GDP很大比重（約71％），[74] 高失業率意味著消費支出無法回升，經濟勢必因此受拖累。這涉及有關消費支出的謬論（見迷思39）。

　　失業率不必下跌，經濟衰退也能結束。事實上，如果失

---

74 美國經濟分析局，2009年3月31日的數據。

>>> 表34.1　美國失業率與美股報酬率——股市領先失業率

失業率見頂日	美股隨後 12個月報酬率	失業率見頂日 往前推6個月	美股隨後 12個月報酬率
1933年5月31日	3.0%	1932年11月30日	57.7%
1938年6月30日	-1.7%	1937年12月31日	33.2%
1947年2月28日	-4.3%	1946年8月30日	-3.4%
1949年10月31日	30.5%	1949年4月30日	31.3%
1954年9月30日	40.9%	1954年3月31日	42.3%
1958年7月31日	32.4%	1958年1月31日	37.9%
1961年5月31日	-7.7%	1960年11月30日	32.3%
1971年8月31日	15.5%	1971年2月26日	13.6%
1975年5月30日	14.4%	1974年11月29日	36.2%
1980年7月31日	13.0%	1980年1月31日	19.5%
1982年12月31日	22.6%	1982年6月30日	61.2%
1992年6月30日	13.6%	1991年12月31日	7.6%
2003年6月30日	19.1%	2002年12月31日	28.7%
平均	**14.7%**	平均	**30.6%**

資料來源：Global Financial Data公司，標準普爾500指數總報酬，美國勞工統計局，截至2009年12月31日。

業率觸頂回落後經濟衰退才結束，那才是非常怪異的事。當衰退結束後一段時間，失業率應將繼續上升，這才是健康的正常現象。再說一次：失業率不應、也不會在衰退結束前下跌。一旦經濟恢復成長後，失業率將繼續上升一段時間。而在衰退結束與失業率見頂之前，股市應已觸底並大幅上漲。歷史與數據證實是這樣。

黃金是好投資？

很久以前，有些人會喝下黃金，企求青春常駐。真是蠢！這麼做可能中毒。近年的研究顯示，法王亨利二世著名的情人、美麗的（比亨利二世大20歲）黛安·波荻葉（Diane de Poitiers），就是死於黃金中毒。她如果能避免暴曬，不要抽菸，外表狀態應該會好得多。

謝天謝地，如今人們不喝黃金了（但現代人會注射肉毒桿菌。老實說，這種對青春的執迷遲早將害死我們）。不過，投資人應引黛安·波荻葉以為戒，免得因為迷戀黃金而受害。

作為一種投資工具，黃金受寵有時，失寵有時。通常是金價大漲之後，黃金變得非常熱門（這毫不奇怪），這也是黃金在2010年備受追捧的原因（只要一種投資工具極受歡迎，媒體上的評論與廣告就會鋪天蓋地地出現，許多人視之為「一時之選」——光是看到這種現象，你就應當提高警

惕）。黃金是一種大宗商品，是一種資產，一如其他資產類別。這金屬沒有什麼神奇特質，能令投資它的人必賺不虧。「黃金是資金的避風港」是一種謬論。金價有時漲，有時跌。

許多人對黃金抱有某種特殊感情。這可能是源自古老的歷史，或看太多奪寶西部片（當中有許多影片以淘金熱為背景），或是如今已遭屏棄的金本位貨幣制度。自從絕大多數貨幣開始自由浮動之後（有些貨幣仍採固定匯率制，通常是與美元掛鉤），黃金主要用於製作首飾及有限的工業用途。

⑤ 漲跌有時，但以跌為主

但黃金是安全的投資標的嗎？如果不算安全，至少能比得上股票嗎？其實這很容易查證，比較黃金、股票及債券的投資報酬率即可。黃金和股票有大量免費資料可查，例如從晨星網站（Morningstar）、Google財經（Google Finance）和雅虎財經（Yahoo! Finance）均可找到資料。我們可用數種方式比較。

布雷頓森林貨幣制度於1971年瓦解，黃金與貨幣從此兩不相干。但在世界擺脫金本位制度之際，各國對黃金還有一些管制，直到1973年末黃金才可以自由買賣。自那時以來，全球股市累計報酬2229％，年均報酬9.1％。[75]標準普爾500指

數表現更好，同期累計報酬3552％，年均報酬10.5％。[76] 10年期美國公債表現尚可，同期累計報酬1642％，年均報酬8.2％。[77] 令人驚訝的是，超級安全的美債績效優於黃金——黃金同期累計報酬僅983％，年均報酬6.8％。[78]

換句話說，如果你在1973年11月底投入1萬美元，若投資標的為標準普爾500指數，到2009年底將累積36.52萬美元——**比投資黃金多25.69萬美元**。因此，黃金的長期報酬實在不是那麼好。不僅如此，金價還傾向大起大落——多數大宗商品均如此。

如下頁**圖35.1**顯示，自1973年以來，金價有六段顯著上漲的時期。其他時間金價也曾上揚，但以這六段漲勢最可觀。金價上漲期持續4個月至22個月不等，平均約為11個月，上漲期占整段時間15％。[79] 相對地，無論是股票、債券還是房地產，價格上漲的日子皆比下跌時多。剔除上述六段上漲

---

75 Thomson Reuters，MSCI全球指數總報酬（計入淨股息），1973年11月30日至2009年12月31日。

76 Global Financial Data公司，標準普爾500指數總報酬，1973年11月30日至2009年12月31日。

77 Global Financial Data公司，美國10年期公債總報酬指數，1973年11月30日至2009年12月31日。

78 Global Financial Data公司，紐約金價（美元／盎司），1973年11月30日至2009年12月31日。

79 同上。

80 同上。

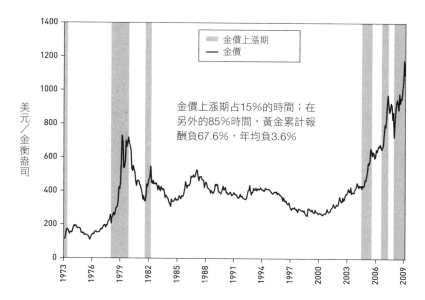

›››圖35.1　金價大起大落——你是捕捉市場走勢的高手嗎？

金價上漲期占15%的時間；在另外的85%時間，黃金累計報酬負67.6%，年均負3.6%

圖例：
█ 金價上漲期
— 金價

資料來源：Global Financial Data公司，紐約金價，1973年11月30日至2009年12月31日。

期，黃金期間累計報酬負67.6％，年均負3.6％。[80]很慘。舉個例子，黃金從1982年至2005年這23年間，一直是虧錢的，你能忍受一項投資虧錢這麼久嗎？

⑤ 你是捕捉市場走勢的高手嗎？

如果想靠投資黃金發財，必須精準掌握進出場的時機，

否則就得接受長期虧損。金價可以橫向盤整及下滑很長時間，接著急漲，然後又令人失望。因此不要問：「投資黃金好嗎？」而是應該問：「我捕捉市場走勢的本領有多強？我上次精準掌握進出場時機，是在什麼時候？」我知道以自己的本事，無法掌握金價走勢，那你呢？

例如，你是否在1990年代初期及中期，加碼買進美國科技股，然後是否在2000年3月拋空科技股？是否在2001年做空全球股市，然後在2003年3月再度買進，一直持有至2007年？你是否在2007年1月油價上次大漲前夕，買進石油（另一大宗商品），然後於2008年7月賣出？你是否在2008年秋買進新興市場股票？是否在2009年初市場一片悲觀之際，買進已開發國家股票？是否在2008年4月賣歐元買美元，然後在2009年3月反向操作？如果你捕捉不到上述這些大行情，那為什麼認為自己可以在金價觸頂時賣出，然後在下一波行情的前夕再度買進？如果你能掌握金價的波動（上漲期僅占15％的時間），那肯定能掌握幾乎所有投資標的的波動，而且不必聽我的建議。你應該儘管放手去做。

令人驚訝的是，許多正常人從不認為自己能掌握股票、債券、豬肉或貨幣的行情，卻安於持有黃金，視其為「安全」資產。我想告訴這些人，黃金不過是一種大宗商品，價格一如其他大宗商品那般容易波動。黃金並無任何神奇魔力。

如果你自信能掌握市場走勢，很好；如果不是，而且如果又操作失誤，你可能必須等待很長、很長一段時間，才能得到你期望黃金帶給你的報酬（你原本以為黃金很安全）。或許你必須遵守某條規則，必須持有一項逐漸貶值的資產很長時間（甚至是很多年），但我不認為有這樣的規則。別忘了：黃金雖然在2009年備受追捧，其績效仍不如股票——這年金價漲24.8％，升幅不如標準普爾500指數的26.5％及全球股市的30.0％。[81]

　　你大可買黃金——金耳環、金項鍊，以至作電線用。但如果作為投資標的，除非你是預測市場走勢的一流高手，否則黃金的吸引力並不強。

---

81 Global Financial Data公司，紐約金價（美元／盎司），標準普爾500指數總報酬，MSCI全球指數總報酬（計入淨股息），2008年12月31日至2009年12月31日。

迷思 36
低稅有利股市？

人皆愛低稅……嗯，或許政客不是（但他們精神有問題）。除了政客外，你很難找到喜歡重稅的人。害怕重稅幾乎是普世現象。

人們特別害怕政府提高資本利得稅，擔心這會重創股市。我在2010年撰寫本書時，人們擔心小布希時代調降資本利得稅的措施將遭撤銷。事實是：10年、20年及453年後，人們仍將擔心資本利得稅升高會衝擊股市，並將祈求政府減稅。但回顧歷史，會發現一個令人震驚的簡單事實：稅率的小幅更動跟隨後的股市報酬率，並無明顯的相關性。這當中有幾個原因。

⑤ 資本利得稅——對賣股的人課徵

以下觀念看來很合乎直覺：資本利得稅升高，對股市是

重大利空，股市喜歡低稅。根據這邏輯，資本利得稅率應與稅率調整後的股市報酬率緊密相關。畢竟，資本利得稅是實實在在地針對投資人出售股票課稅！只是，如果你這麼想，你也應該注意：人人知道（有時政客除外），只要政府針對某些行為課重稅，大家就會減少做那些事（當政客不想大家做某些事時，就會施行這伎倆。人們喝太多汽水？課汽水稅！想降低汽油用量？課汽油稅！但是，為什麼他們不覺得政府加所得稅，大家將減少創造所得，令政府收到的所得稅不增反減，則非我所能理解。不好意思，有點離題了）。

　　資本利得稅是針對人們**出售**已升值的股票課徵，並非針對**持有**的股票課徵。如果政府提高人們出售股票的成本，理論上人們將有較大誘因持有股票更長時間——賣壓減少意味著稅率調高後，短期內股市將有較佳表現。政府若調降資本利得稅，人們出售已升值股票的成本降低，這可能令稅率調降後股市短期賣壓加重——恰恰與人們的常識認知相反。

⑤ 資本利得稅調整及其影響

　　那我們是否應祈求政府調高資本利得稅？不，這想法同樣找不到可信證據支持。而雖然常識／直覺告訴你，調高資本利得稅對股市不利，本書已一再指出，在資本市場，你的直覺與常識往往是你的敵人，你不應以它們為決策基礎。

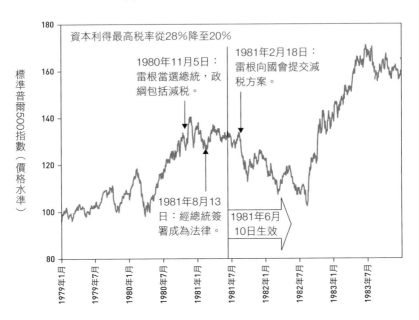

>>> 圖36.1　美國1981年經濟復甦稅法

資料來源：Global Financial Data公司，標準普爾500指數價格報酬，1978年12月31日至1983年12月31日。

　　事實是：長期而言，租稅調整的效應往往與許多其他因素糾結在一起。一旦多股力量會合後，要區分出稅率調整對股市的長期影響，幾乎是不可能的事──但短期或許仍可找到一些線索。如**圖36.1**至**圖36.4**顯示，自1981年以來，美國經歷四次重要的資本利得稅調整。每次之後發生什麼事？

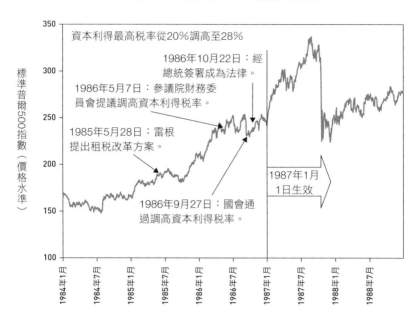

>>> 圖36.2 美國1986年租稅改革法

資料來源：Global Financial Data公司，標準普爾500指數價格報酬，1983年12月31日至1988年12月31日。

- 1981年，資本利得稅率從28%降至20%。標準普爾500指數在法案成為法律後12個月內下滑22％[82]（**圖36.1**）。

---

82 Global Financial Data公司，標準普爾500指數價格報酬，1981年8月13日至1982年8月13日。

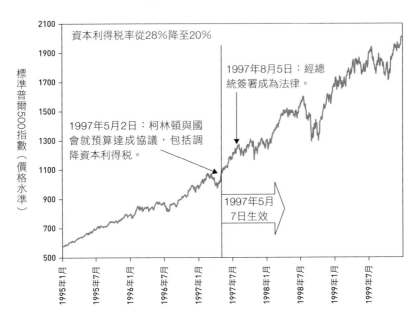

>>> 圖36.3 美國1997年減稅法

資本利得稅率從28%降至20%

1997年8月5日：經總
統簽署成為法律。

1997年5月2日：柯林頓與國
會就預算達成協議，包括調
降資本利得稅。

1997年5月
7日生效

標準普爾500指數（價格水準）

資料來源：Global Financial Data公司，標準普爾500指數價格報酬，1994年12月31日
至1999年12月31日

- 1987年，資本利得稅率從20%調升回28%（**圖36.2**），
  標準普爾500指數大漲，直到遇上1987年的著名崩跌
  （但那次崩跌跟8個月前的稅率調整毫無關係）。
- 1997年，資本利得稅率再度從28%降至20%。標準普
  爾500指數延續多頭走勢，漲到2000年（**圖36.3**）。
- 2003年，資本利得稅率從20%降至15%。減稅方案宣

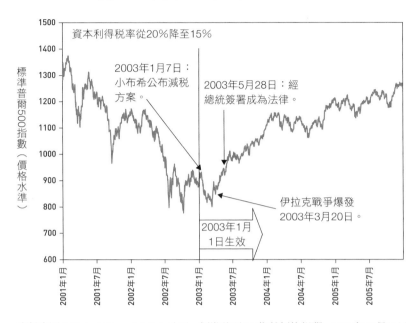

資料來源：Global Financial Data公司，標準普爾500指數價格報酬，2000年12月31日至2005年12月31日

布後股市急跌，但在方案成為法律後，展開持續5年的多頭走勢（**圖36.4**）。

由此可見，股市先是在稅率調降後下跌，後來在稅率調升後大漲；接著兩次減稅時，股市則是延續多頭走勢。這有何涵義？什麼涵義都沒有。

雖然稅率調整短期內可能影響市場氣氛，但股市波動常常受其他更大的力量左右。調降資本利得稅或許是利多，但1981年的美國受更大的利空因素影響，股市因此下滑——跌幅可能因為減稅而有所縮減。這是理解1981年情況的一種方式。

　　至於1987年，或許當時股市本來就有大漲的條件，因此政府調高資本利得稅僅是稍微削弱了多頭的力量；而如果政府沒有調高資本利得稅率，股市可能漲更多。你可以相信這種說法，又或者這麼解釋：1987年的稅率調升已在市場預期中，投資人因此預先賣出股票，爾後正式加稅後即不再賣出，股市因此大漲。這也是完全合理的解釋。我想說的是，你永遠無法知道實情如何。但證據十分矛盾，說明你不應根據資本利得稅率的升跌押注股市的升跌，因為顯然可能有更強力的因素左右市場走勢。你不能根據稅率的變更預測市場方向，這是行不通的。

　　那麼，資本利得稅率的變更為什麼無法產生多少持久影響？我估計這是因為股市消化各種因素的效率極高——股價幾乎是即時反映一切公開資訊。賦稅政策的變更需時甚久，在提案成為法律之前，公眾會廣泛議論、爭辯、譴責或支持，國會也必須表決，而這一切均有媒體追蹤報導。這過程需時數月或數年，有時甚至更久。在稅法變更生效前，市場有充分時間將此因素反映在股價上。因此，我傾向相信1987

年的情況，是稅法改變可能引發的賣盤，早在法律生效前已幾乎全數出籠，這就是法律生效後股市上漲未遇到多少阻力的原因。想要賣股的人趕在新稅法生效前賣出，股市因此提前消化拋售壓力。

⑤ 資本利得稅僅影響美股約一半投資人

此外，美國約一半的證券（按價值計）是由不必納稅的投資人持有，譬如退休基金、捐贈基金、各種基金會，以至延後課稅的個人退休帳戶（IRA）與401（k）退休儲蓄帳戶。而且，美國目前在世界經濟中的比重不到25％，占世界證券市場總市值不到一半，[83] 而美國市場和非美國市場傾向同方向波動（見謬論43），美國稅法變更的影響因此常被美國以外的因素沖淡。而且，別忘了資本市場無比複雜。稅法改變，短期內對美國投資人或許有一些影響，但全球市場可能受其他更大的因素左右，例如1981年的全球股市空頭，以及1997及2003年的全球多頭市場。

2010年我撰寫本書時，人們對美國可能調高資本利得稅率的恐懼，主要應該是擔心股市在稅法改變生效前的反應。人們已擔心這因素數年之久。因此，2010年過去後，與此相

---

83 國際貨幣基金組織，世界經濟展望資料庫，2010年4月；Thomson Reuters。

關的股票賣壓，很可能已全數釋出——所以稅法實際改變時，反而會產生相對有利的影響。但這推測可能是錯的，我們無法確切知道實際情況將如何，因為2011年的市場很可能將受其他更有力的利多或利空因素影響。

人們喜歡為賦稅煩惱，這是一種全民消遣。但沒有證據證明加稅或減稅對股市必然有利或不利。你個人可能喜歡減稅，討厭加稅，這是人之常情。但你的股票實在不大在乎稅率的變更。作為股票投資人，你也不應太在乎。不要根據稅法改變之事實或相關恐懼去預測股市走勢。

迷思 37

油價漲，股市就跌？

有些謬論流行有時，退潮有時。本章講的這一個，近年可說膾炙人口。但我2010年撰寫本書時，沒有什麼人在談論它。它會再度流行的——很可能是在油價再度急漲、大漲，又或者是長時間上漲時。

人們普遍相信高油價對股市不利：油價上漲，股市下跌，兩者是呈現負相關的。若想股市升高，人們希望油價處於低位。但這其實是謬論（有趣的是，油價高漲時，你較常聽到這說法。油價大跌時，人們不會說：「好耶！現在一切順利！」）長期而言，油價與股市兩不相關，誰也不能用來預測誰，這是可以證明的。

⑤ 用掉一塊錢，就是用掉一塊錢

這謬論很合乎直覺（現在你應該已經知道，合乎直覺的

概念往往有問題）：美國人太仰賴石油了！油價高漲意味著生活成本上升；美國人出門購物或上班皆需要用油，油價上漲令人花更多錢在汽油、取暖或冷氣上，其他支出相應減少。這會令經濟成長放緩，企業盈餘減少，因為大家花在油缸上的錢增加，其他消費就減少了──這最終是不利於股市的。

　　首先，借用第五部的概念，以全球觀點檢視這說法，你會開始明白它實在可笑（稍後我們再回顧歷史，分析數據，便可徹底破除這迷思）。這麼想吧：對全球經濟來說，用掉一塊錢就是用掉一塊錢。如果每月花100美元，全球經濟不在乎你是花在汽油、球鞋、稅務諮詢，還是公仔收藏上。花30美元買汽油、70美元買其他東西，加起來是100美元。假若油價上漲，汽油花了你40美元，你只剩下60美元買其他東西──只是，加起來仍是花了100美元。在此情況下，或許石油公司受益稍多一些（這對它們的股票是好事），其他公司則略微受損，但也可能不是這樣。油價上漲，可能是因為其他商品需求巨大，推高運輸成本所致；又或者是其他企業藉由創新、削減成本或其他措施，提升了盈利──這是常有的事。資本體制的適應力極強！不過，我們暫且忽略此一經濟現實。

⑤ 長期而言，油價與股市兩不相干

　　許多人擔心高油價會拖累經濟，打擊股市；他們因此擔心油價上漲時，股市將下滑。他們認為低油價代表人們有更多錢消費，因此對股市應該是好事，但近年的歷史顯示事實並非如此。油價2001年下跌，這年股市也下滑，經濟陷入衰退。油價2003、2004及2005年均上漲，一直漲到2007年——與股市同步上揚！股市2007年末開始下滑，而油價則續升。油價漲、股市跌的情況持續到2008年6月——一如我們要破除的迷思所言！2008年6月之後，油價與股市雙雙下滑至年底，然後於2009年大部分時候雙雙上漲。

　　那麼，油價與股市是**正相關**嗎？當然，有時是這樣。有時兩者是負相關，有時兩不相關。那長期而言呢？長期而言，油價與股市兩不相關。這很容易查證，你可以輕易找到大量免費的股市與油價數據，稍作分析即可證實這點（這是基本「破謬」術）。下頁**圖37.1**顯示美股與石油的月度報酬。

　　相關係數是介於＋1與－1之間的一個數值，顯示兩個變量的相關性（你可以使用Excel，輕易算出兩組數據之間的相關係數）。相關係數越是接近＋1，兩個變量的正相關程度越強——係數為＋1代表兩個變量亦步亦趨，也就是同方向、同幅度波動。係數接近－1則是很強的負相關關係，就像人們相

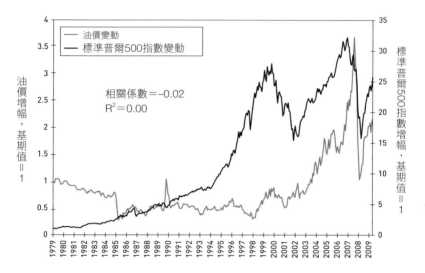

>>> 圖37.1　油價與股市──沒有明顯的相關性

資料來源：Global Financial Data公司，西德州中級原油（WTI，美元／桶），標準普爾500指數總報酬，1979年12月31日至2009年12月31日。

信油價漲、股市跌那樣。相關係數接近零，意味著兩個變量互不相關。

　　自1980年以來，油價與美股的相關係數為−0.02，非常接近零，也就是說兩者長期而言互不相關（對了，你也可以分析油價與英國、德國、日本及全球股市的關係。你將得到一樣的結果：油價與股市兩不相干）。現在看看R^2，它是相關係數的平方值。根據統計學理論，它告訴我們一個變量的

波動，多大程度上能以另一變量的變化解釋。這裡的R^2是0％。換句話說，長期而言股市的波動，與油價完全無關。跟我再說一遍：「完全無關。」

油價對某些產業和公司是否有較直接的影響？當然！例如能源公司，尤其是鑽探、提煉，及／或銷售石油及油品的公司。但整體而言，油價與股市互不相關——無論正負。

⑤ 短期相關性

以上說的是長期情況。短期而言，油價和股市有時可能呈現很強的正相關或負相關關係。但任何兩個風馬牛不相及的變量，均可能出現無法解釋的短暫正相關或負相關關係。例如，你找一些棒球比賽（或其他毫不相關、定期有結果的活動）的統計數據，跟股市走勢一起分析，一樣能找到一些兩者相關的時段。但這種關係是短暫、無意義的。我可以保證，你拿奈及利亞的雨量變化與那斯達克100指數一起分析，一樣能發現兩者某些時候是相關的。但這毫無意義可言。

下頁**圖37.2**顯示油價與美股12個月滾動相關係數，數值波動非常劇烈。橫軸上方代表兩者有某程度的正相關關係，下方則代表負相關關係。1987年至1992年間，油價與股市經歷了一段稍長的負相關關係——儘管如此，期間的相關性仍大幅波動。除此之外，兩者的關係幾乎是完全隨機的。

>>> 圖37.2 油價與美股的12個月相關性——波動不定

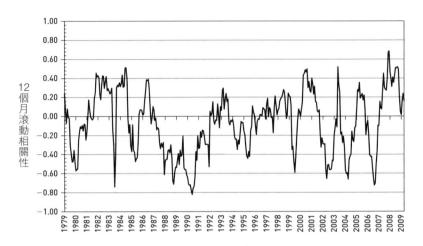

資料來源：Global Financial Data公司，西德州中級原油（WTI，美元／桶），標準普爾500指數總報酬，1979年12月31日至2009年12月31日。

　　有趣的是，在思考油價與股市的關係時，許多人會犯大量認知錯誤。當股市與油價反向而行時，他們認為這印證了他們的想法，此時他們會說：「耶！這就是證據！這證明兩者是負相關的。」他們也可能找出油價與股市負相關的時段，然後說「看！1987年至1992年這段時間證明兩者是負相關的」，同時輕易忽略其他時段——這種認知錯誤叫「驗證偏誤」，我們先前已講過。當油價與股市並非反向而行時，他們就換個說法，說：「當然啦，油價與股市並非總是負相

關的。你必須看長久些！」沒問題，我們剛剛就看得很長久，結果發現兩者互不相關。

⑤ 供給與需求

事實是，油價由供給與需求決定，一如股價。油價上漲，有時是反映經濟成長刺激需求增加。此時油價與股市同步上漲是完全正常的——推高油價的力量，可能也在推高股市；反之亦然。

但油價有時急漲，是因為供給出狀況，這對經濟與股市未必是好事，此時油價與股市可能反向而行。有時供給問題是短暫的，而股市了解這情況後，會忽略油價的波動。經濟表現忽然比預期強勁時，油價與股市通常會同步上漲，因為這一來對股市有利，二來會令能源需求意外增加。有時情況則是反過來。但無論如何，即使你知道油價接下來怎麼走，也無法預測股市的走勢——這一點是可以證明的。

影響石油與股票供給的因素完全不同，互不相關。影響石油與股票需求的因素很多，有些相同，許多不同。我們的經濟無比複雜，現實中根本沒有長期行得通的此類法則：「X上漲時賣股票，X下跌時買股票。」

疫情會害股市病懨懨？

2009年春天，全球股市大空頭已於3月觸底的事實尚未有目共睹。當時股市強勁反彈（向上大幅波動），但許多人想：說不定這只是大空頭走勢中的短暫反彈。的確有此可能，而且這種事發生時，是很難斷定的，因為在空頭觸底及隨後一段時間，股市波動性極大，許多人嚇壞了，無法看到新多頭走勢形成。股市投資人總不愁沒有東西可害怕。

而且，當時市場正面臨新威脅——豬。不，不是「歐豬五國」（PIIGS）——葡萄牙、愛爾蘭、義大利、希臘及西班牙。歐豬五國的債務問題，要到2010年才會令人恐懼。2009年春天，我們害怕的是真正的豬——我們怕豬流感將在人類世界中大爆發，令經濟陷於停頓，重創整個世界。

我現在可以說得輕描淡寫，因為很明顯地，豬流感雖然害死了一些人，並令更多人染病（這些都很不幸），不過它

對全球的威脅並未造成大家所擔心的嚴重後果。但在2009年春天，媒體不停揣測人類會面臨一場致命的恐怖瘟疫，跟1957、1968，甚至是最恐怖的1918年流感大爆發相似。果真如此，人類將大批染病，甚至死亡；人們擔心這將重創經濟，進而拖累股市——尤其是當時經濟已陷於衰退中。許多人排隊接受疫苗注射，飛機乘客戴口罩成了一時風尚。

⑤ 不必害怕各種流感

對多數人來說，2009年的豬流感，結果有如溫和的普通流感；雖然當時大家都還不知道這結果，但我那時就知道這波流感估計對股市毫無影響。我怎麼知道的？有幾種方法。這波流感可以很嚴重，也可以不嚴重，我們兩種情況都分析看看。通常它不會很嚴重，果真如此的話，你就會知道這是利多而非利空因素，因為虛驚一場總是利多的。而這種恐慌結果往往沒有大家擔心的那麼恐怖，2009年的豬流感就是一例。這可能是因為我們高估了疫症的後果，也可能是因為人類發揮才智，製造出有效的藥物或疫苗，或兩者兼而有之。

例如2003年，大家都很害怕感染嚴重急性呼吸道症候群（SARS）。還記得SARS嗎？這疫症源自中國，爆發後許多國家隔離入境的旅客，包括歸國的民眾。中學之後就將生物學丟一旁的人，突然間紛紛議論冠狀病毒，言之鑿鑿指這場

瘟疫即將在全球大爆發。結果全球共有8422人感染SARS，980人死亡。[84] 對受害者來說，這當然是悲劇；但就全球而言，這不算嚴重（換個方式說，你死於SARS的機率是737萬5930分之一，跟在2009年被閃電擊中的機率相若）。雖然染病者死亡率高達11％，但因為SARS病毒沒那麼容易人傳人，其殺傷力不可能像人們最初擔心的那麼大。2003年，全球股市上漲33.1％。[85] 隨著過度恐慌導致的悲觀情緒消散，投資人信心大增，對股票的需求隨著增加。

2005及2006年，我們經歷了兩場禽流感恐慌，結果類似：少數人染病，更少人死亡，股市大漲。2009年，股市勁漲之際，許多人打電話給民意代表，要求當局提供疫苗注射。大家可能會說，只因為豬流感、SARS及禽流感皆未演變成大瘟疫，這不能證明疫症爆發不會重創股市。

說得也是。那麼，我們就來看看真正的大瘟疫的情況！現代史上，沒有一場瘟疫比得上1918年的西班牙流感大爆發。歷史學家約翰·巴瑞（John M. Barry）的著作《大流感：致命的瘟疫史》（*The Great Influenza*）講述這場致命瘟疫對人類社會突如其來的巨大衝擊，這是本研究嚴謹的傑

---

84 世界衛生組織祕書處報告，"Severe Acute Respiratory Syndrome, Report by the Secretariat"，2004年1月23日。

85 Thomson Reuters，MSCI全球指數總報酬（計入淨股息），2002年12月31日至2003年12月31日。

作。巴瑞也寫到約翰霍普金斯醫學院早期學生與畢業生如何以富創意的方法，不知疲倦地力抗這場瘟疫（我的祖父是這所一流醫學院最早的畢業生之一，曾參與對抗西班牙流感，我與有榮焉。當時世界非常仰賴約翰霍普金斯醫學院及其畢業生處理這場危機）。

當年的資料不如今天這麼可靠，但據估計，全球至少有5億人染病。當時世界總人口約16億，因此約有三分之一人口感染西班牙流感；當中有1億人死亡，死亡率高達20％左右。我們很難知道確切數據，因為即使在已開發國家，相關數據也不完整；尤其是在疫情高峰時期，醫生與護士可能就躺在病人旁邊一起等死，地方政府停止相關記錄。僥倖逃過一劫的人都不敢上班。無論如何衡量，這都是一場浩劫，而且不僅是美國本土的災難，是全球浩劫。

巴瑞的書闡述了這場災難的驚人規模：北極地帶一些偏遠鄉村遭徹底毀滅，孤懸海外的太平洋島嶼及非洲一些地區均慘遭蹂躪。在與世隔絕的社會裡，人們缺乏某程度上保護了歐美民眾的抗體。

最驚人的是，這場流感對健康的成年人最致命，勞動力因此嚴重受損。二十幾歲的健康男子，早上還沒有染病症狀，天黑前可能就已死去。有些病人死前身體發黑，令人想起恐怖的黑死病（十四世紀肆虐歐亞的鼠疫）。世界因恐懼而癱瘓，城市街道空無一人，所有聚會均取消。人們若有必

要離家，會戴上口罩，希望有助防止疫情擴散。西班牙流感的病毒是禽流感病毒的變種，禽流感病毒的殺傷力極強，病毒變種令人類缺乏相應的抗體。

想想看，相對於西班牙流感大爆發，近年「瘟疫」的殺傷力差很遠！病毒如今已無法像過去那樣殺死那麼多人——並不是因為病毒不努力，它們仍不斷地變種，不斷嘗試成為更致命的殺手，這是它們在自然中的功能。但我們的醫師及研究人員知識日豐，效率越來越好，對抗病毒殺手的能力越來越強。我想，只要我們的政府不過度干預醫療，醫療領域的創新發明將保持以往的高速。

順帶一提，如果你想知道公營程度較高的醫療體系是怎樣一種情況，想想有多少藥物及醫療設備發明是來自美國（大部分），多少是來自英國、法國及加拿大等國家（少得多）。

那麼，在西班牙流感令那麼多人病倒、死亡及長時間停工的情況下，股市表現如何？你可能直覺以為股市勢必慘跌，但事實又是反直覺的。在正值疫情高峰的1918年，美股上漲26％，翌年續漲21％。[86]這顯示，公共衛生恐慌並不像你擔心的那樣會重創股市，因此你不必害怕這種迷思。

衛生恐慌是否可能與股市大跌同樣出現，一如2009年股

---

86 Global Financial Data公司，標準普爾500指數總報酬。

市強勁反彈前的情況？當然！但當時股市重挫，並不是豬流感造成的。此外，流感恐慌當然可能令股市拉回修正，一如2005年的禽流感。但市場修正可以由任何無聊的事情引發——這是修正的本質：它們是基於情緒而非基本面，來得快也去得快；當人們發現自己杞人憂天時，修正便迅速結束。

因此，你還是去打流感疫苗吧。我贊成你這樣做。但下次疫情恐慌再現時（這種事不時會發生），謹記瘟疫並非股市的末日。

迷思 39
消費支出最重要？

　　一直以來，每次經濟衰退之後，總會有人抱怨經濟無法復甦，是因為消費者財力透支，不願再度慷慨解囊。而因為消費支出占美國經濟很大比重，消費者不願花錢，經濟自然萎靡不振。甚至在我2010年撰寫本書時，無數人宣稱美國消費市場完蛋了。而雖然這戲碼每次衰退後皆上演一次，「權威」人士總是將它當成新鮮事講，而且永遠沒發現自己所言其實是謬論。

　　有趣的是，許多人也常抱怨美國消費者揮霍無度，指稱這最終將傷害經濟。由此看來，消費者花錢，經濟有危險；消費者不花錢，經濟一樣有問題。不可能吧！但很少人看穿這些恐懼之愚蠢與矛盾。

　　沒錯，消費支出占美國GDP高達71％。[87] 如此重要的部分

---

87 美國經濟分析局，截至2010年3月31日。

若大幅萎縮且未能復元，經濟顯然可能長期不振。只是，經濟陷入衰退時，消費支出往往不是跌很多——跌幅遠低於人們普遍想像的。GDP中比重較小的兩部分（企業投資及淨出口）遠比消費支出波動，無論是經濟衰退還是復甦，這兩部分的影響均比消費支出大，雖然媒體很少提到這一點。

⑤ 大跌的並非消費支出

　　經濟衰退時，消費支出跌幅竟然不大？但事實就是如此。下頁**圖39.1**顯示，2007年至2009年經濟衰退中，美國GDP從高位跌至谷底期間，經濟各部分拖低GDP的情況。（根據美國國家經濟研究局，這場衰退始於2007年12月，但GDP到2008年第二季才觸頂，2009年第二季觸底）。進口減少，事實上為GDP貢獻了3.0個百分點的增幅（GDP的計算方式有點古怪，當中一部分是淨出口，也就是出口減進口。因此，進口減少其實可令GDP增加，儘管進口減少通常是經濟疲軟的徵兆。見迷思48）。政府支出也為GDP貢獻了0.5個百分點的增幅，這是意料中的事，人人都知道這段時間政府支出增加。住宅投資令GDP減少0.8％（幅度之小可能令多數人意外，因為媒體大幅報導房市崩盤）。出口令GDP跌1.9％，企業投資令GDP減3.4％，對GDP的拖累最大。相對的，個人消費僅令GDP減1.2％——不是不重要，但只是整體跌幅中的

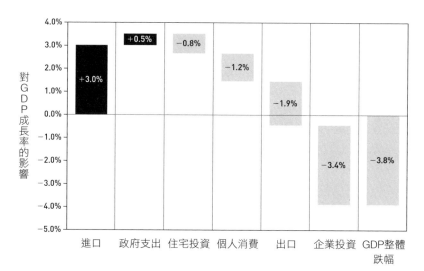

>>> 圖39.1　美國GDP 2008年第二季至2009年第二季變化情況——消費支出並非GDP萎縮主因

資料來源：美國經濟分析局。

一小部分。

　　這並非異常，消費支出其實不像人們想像的那麼波動。事實上，消費支出占GDP之百分比在經濟衰退期間往往顯著上升，最近一次亦然。這似乎不合情理，但其實不是。GDP下跌而消費支出跌幅較輕時，消費支出占GDP的比重自然上升。下頁**圖39.2**顯示美國近數十年來，私人消費占GDP的百分比。長期而言，該百分比趨升，但升幅在過去五次衰退期

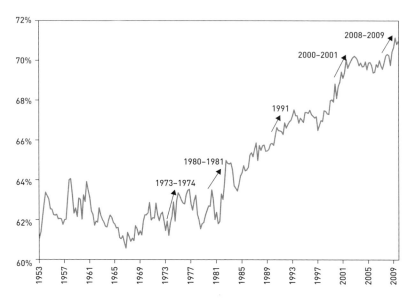

>>> 圖39.2　美國私人消費占GDP之百分比——衰退期間大升

資料來源：Thomson Reuters，美國經濟分析局。

間最明顯。倘若消費支出如企業投資那麼波動，這種情況就
不可能出現。

⑤ 消費支出相當穩定

　　消費支出為何能如此穩定？很簡單，想想我們買些什
麼。許多人一聽到花錢，就想到「汽車、上館子、度假、珠

寶，拉斯維加斯」。但我們買的東西，大部分是很乏味的牙膏、藥物、汽油，以至報稅服務等叫人打呵欠的東西。景氣不好時，我們會節儉些，汽車和電視會多用幾年；我們可能延後度假，又或者去露營，而不是搭遊輪。但我們會做的事，大部分仍然會做；會花的錢，大部分還是照花。我們購買生活必需品時，或許會轉用較便宜的品牌，同時減少開車——但我們還是會買必需品。

下頁**表39.1**顯示2009年第二季美國GDP跌至谷底時，個人消費各部分的比重，以及它們自一年前的高位跌了多少。注意，美國消費支出中，最大的部分是服務（68.1％），但這部分僅減少0.2％。服務支出中，最大的三項其實增加了，它們是房屋與公用事業、醫療照護，以及「其他服務」——包含所有不容易歸類的項目，如法律服務、上網費用、學費，以至剪髮和乾洗。

消費支出第二大部分是非耐用品，占21.8％。非耐用品是指通常不會使用超過3年的商品，如鞋類、服飾，以及你在超市購買的食物（主要是你需要而非渴望得到的東西），此類支出減少2.7％。

比重最小的部分是耐用品，主要是一些衰退期間首當其衝的高單價消費品。它們萎縮最多，但僅占總消費支出10.1％！雖然它們是消費支出中最小的部分，但常常獲得最多新聞版面。「汽車銷售暴跌！」真慘！但這有什麼好大驚小

>>> 表39.1　美國私人消費各組成部分——比重最大的服務十分穩定

	占消費支出百分比（2009年第二季）	2008年第三季至2009年第二季實質成長
國內生產毛額		-3.8%
個人消費支出	**100%**	**-1.7%**
耐用品	**10.1%**	**-8.8%**
機動車與零件	3.0%	-15.3%
裝飾與耐用家居設備	2.5%	-10.0%
娛樂用品與車輛	3.2%	-2.9%
其他耐用品	1.4%	-4.9%
非耐用品	**21.8%**	**-2.7%**
非現場享用之食物與飲料	7.9%	-2.2%
服飾與鞋類	3.2%	-7.6%
汽油與其他能源商品	2.8%	1.4%
其他非耐用品	8.0%	-2.6%
服務	**68.1%**	**-0.2%**
家庭服務支出	**65.5%**	**-0.2%**
房屋與公用事業	18.7%	0.3%
醫療照護	16.2%	2.1%
交通	3.0%	-4.8%
娛樂	3.8%	-1.7%
食宿	6.1%	-3.7%
金融服務與保險	8.2%	-1.0%
其他服務	9.4%	1.1%
家庭服務支出——非營利機構部分	**2.6%**	**-3.9%**

資料來源：美國經濟分析局；占消費支出百分比根據2009年第二季GDP「第三次估計」名義值計算。

怪的？衰退期間，多數人會延後買車，這對汽車業不是好消息，但對整體經濟不是大災難，畢竟只占消費支出的一小部分。

但媒體上仍有許多人高呼「慘了慘了，消費者這次不會回來拯救經濟了。」說得對！整體消費支出在經濟衰退時不是跌很多，因此不必大幅回升來促進經濟成長。奇怪的是，媒體通常對企業支出保持緘默，但這部分往往跌更多，然後大幅回升，對復甦初期的GDP成長貢獻顯著。我在2010年撰寫本書時，悲觀的媒體（錯誤地）抱怨消費者未恢復花錢習慣，認為消費支出成長乏力將令經濟難以成長。不，事實不是這樣。此外，媒體完全忽略一個重要事實：美國經濟自2009年第三季恢復成長，至2010年第一季企業投資大幅回升19.2％。[88]

消費支出對經濟重要嗎？當然，但消費支出並非像多數人擔心地那麼波動。我們不應受相關謬論迷惑。

---

88 美國經濟分析局，實質企業投資（民間本地投資總額減住宅固定投資），2009年第二季低點至2010年第一季。

迷思 40

總統任期，真的對股市有影響嗎？

你可能聽過人家說，總統周期是可靠的股票買賣指引：股市總是在總統任內某些年分表現較佳。你也可能聽過人家說，自1926年以來，尾數為5的每一年（1935、1945、1955，諸如此類）均是股市的好年。但你也很可能聽過一些人警告：這些只是可笑的指標，可靠性有如巫術。

沒錯，尾數5的年分是好年，這不過是統計上的巧合。自1926年至本書執筆當下，迄今共有八次尾數5的年分。因為股市漲多跌少，你一般會預期這八年有三分之二的年分股市上漲。如果某個硬幣擲出正面的機率是三分之二，連續八次擲出正面並非不可思議。這確實可能發生；並非經常，但的確會發生。儘管如此，這只是巧合。

但另一方面，總統周期影響股市卻不是胡說，這當中是有很強的基本面因素。總統周期的確可以為股市投資人提供一些操作指引。

第294頁**表40.1**顯示1925年至2019年底的美國歷任總統、所屬政黨，以及標準普爾500指數在其任內每一年的報酬率。我們可以看到，總統任內的頭兩年，美股報酬率較差也較波動。這不是說總統任內頭兩年本質上不好，當中也有表現出色的！只是股市這兩年的表現較波動，而且平均績效被一些大虧損年拖累。但後兩年的確表現較佳——股市平均報酬顯著較高，而且也比較穩定。

美股在總統任內第三年平均報酬率達17.5％，而且自1939年以來不曾有一年下跌——1939年也不過是跌0.9％！第四年股市表現也不錯，只是虧損年略多，而且2008年大跌拉低了平均報酬率。儘管如此，美股在總統任內第四年表現仍比頭兩年穩定，平均績效也較好。這是巧合嗎？還是有實在的基本面因素支持？

⑤ 總統周期的理論基礎

萬事皆有形態可循，但這不代表我們應根據形態進行操作。除非能確定某個形態有可靠的基本面支持，並了解其中道理，否則應將看到的形態當作巧合。但總統周期與股市報酬率的形態，背後有兩個基本理由。首先，投資人對虧損的痛苦感覺，強度是賺錢的快樂感覺的2倍左右，這一點我們在迷思7講過了。

第二，如大家所知，politics（政治）這個詞，源自希臘文poli（許多）和ticks（小吸血蟲）。我相信一些政客起初是正常人，但他們一旦進入華府權勢圈，不出3年就會變成自戀的小吸血鬼。吸血政客約一半的精力用在爭取連任上，另一半則是用於為競選連任籌款，眾議員、參議員以至總統（吸血蟲的老大）莫不如此。如果你認識真的是正常人的華府政客，那你認識我不曾見過的稀有動物，而幾十年來我見過數以百計的華府政客。

吸血蟲老大當選前就深諳吸血蟲之道，否則他就不會當選。因此，他知道，他所屬的政黨在期中選舉[89]中將受挫——二戰之後，平均失去25個眾議院席位，兩至三席參議員（小布希於2002年打破宿命，這是美國歷史上極少數的例外之一，但他2006年還是屈服於這規律）。因此，總統知道，他最麻煩、最富爭議、最難通過的法案（你可以說是他想留給後代的東西），必須在他權勢相對較強的頭兩年內過關，否則等到他的政黨在期中選舉中受挫後，他在後兩年任期中就再無機會了。這是一種無解的困局。美國是一個以中間選民為主的國家，總統上任後頭兩年越是努力推動他心儀的法案，他的政黨在期中選舉中將輸掉越多席次給對手，這

---

89 編註：美國每4年的總統任期中間（第二年的11月），在沒有總統選舉情況下舉行的定期選舉。美國國會大部分成員皆會在期中選舉中改選。

>>> 表40.1　美國總統任期與美股績效──頭兩年股市較波動，後兩年幾乎從不下跌

總統	政黨	第一年		第二年		
柯立芝	共和黨	1925	無資料	1926	11.1%	
胡佛	共和黨	1929	−8.9%	1930	−25.3%	
小羅斯福──第一任	民主黨	1933	52.9%	1934	−2.3%	
小羅斯福──第二任	民主黨	1937	−35.3%	1938	33.2%	
小羅斯福──第三任	民主黨	1941	−11.8%	1942	21.1%	
小羅斯福／杜魯門	民主黨	1945	36.5%	1946	−8.2%	
杜魯門	民主黨	1949	18.1%	1950	30.6%	
艾森豪──第一任	共和黨	1953	−1.1%	1954	52.4%	
艾森豪──第二任	共和黨	1957	−10.9%	1958	43.3%	
甘迺迪／詹森	民主黨	1961	26.8%	1962	−8.8%	
詹森	民主黨	1965	12.4%	1966	−10.1%	
尼克森	共和黨	1969	−8.5%	1970	3.9%	
尼克森／福特	共和黨	1973	−14.7%	1974	−26.5%	
卡特	民主黨	1977	−7.2%	1978	6.6%	
雷根──第一任	共和黨	1981	−4.9%	1982	21.5%	
雷根──第二任	共和黨	1985	31.7%	1986	18.7%	
老布希	共和黨	1989	31.7%	1990	−3.1%	
柯林頓──第一任	民主黨	1993	10.1%	1994	1.3%	
柯林頓──第二任	民主黨	1997	33.4%	1998	28.6%	
小布希──第一任	共和黨	2001	−11.9%	2002	−22.1%	
小布希──第二任	共和黨	2005	4.9%	2006	15.8%	
歐巴馬	民主黨	2009	26.5%			
全部（年化平均值）			5.9%		6.5%	

資料來源：Global Financial Data公司，標準普爾500指數總報酬，1925年12月31日至2009年12月31日。

第三年		第四年		年均報酬率	得票率
1927	37.1%	1928	43.3%	無資料	54.1%
1931	−43.9%	1932	−8.9%	−23.2%	58.2%
1935	47.2%	1936	32.8%	30.7%	57.4%
1939	−0.9%	1940	−10.1%	−6.4%	60.8%
1943	25.8%	1944	19.7%	12.6%	54.7%
1947	5.2%	1948	5.1%	8.5%	53.4%
1951	24.6%	1952	18.5%	22.8%	49.5%
1955	31.4%	1956	6.6%	20.6%	55.1%
1959	11.9%	1960	0.5%	9.5%	57.4%
1963	22.7%	1964	16.4%	13.4%	49.7%
1967	23.9%	1968	11.0%	8.6%	61.1%
1971	14.3%	1972	19.0%	6.7%	43.4%
1975	37.2%	1976	23.9%	1.6%	60.7%
1979	18.6%	1980	32.5%	11.7%	50.1%
1983	22.6%	1984	6.3%	10.8%	50.7%
1987	5.3%	1988	16.6%	17.7%	58.8%
1991	30.5%	1992	7.6%	15.7%	53.4%
1995	37.6%	1996	23.0%	17.2%	43.0%
1999	21.0%	2000	−9.1%	17.2%	49.2%
2003	28.7%	2004	10.9%	−0.5%	47.9%
2007	5.5%	2008	−37.0%	−5.2%	50.7%
				簡單平均值	
	17.5%		9.4%	9.5%	

現象是每一位總統皆然。

而法案若過關，也不過是財富／財產權的某種再分配罷了（有時是以監理之名）。政府拿某些富人的錢送給某些窮人，或是拿某些富人的錢送給另一些富人，或是拿某些窮人的錢送給某些富人（如果你認為這種事不常發生，那你是瘋子），又或者是拿某些窮人的錢送給另一些窮人。這過程中的輸家，對於利益受損的痛恨程度，是贏家歡喜程度的2倍以上。而因為這一切均是公開的，未遭搶劫的人擔心下次就輪到自己。因此，總統任期頭兩年內，隨著立法威脅增強，人們厭惡政治風險的程度一般會升高。相關法案甚至不必過關！往往是相關威脅及爭論，就足以令股市焦慮不安。隨著人們厭惡政治風險的程度升高，市場對風險的整體厭惡程度也會升高——對資本市場來說，這通常是利空因素。人們越是厭惡風險，對股票的需求就越低，股市因此受挫。光是厭惡政治風險本身不足以造成空頭市場，但這對股市來說是利空因素。

⑤ 國會怠惰，股市開懷

但在吸血蟲老大任期的後兩年，情況改變了。他的政黨在國會已相對失勢，他知道自己無法再推動艱難的法案。此外，他也開始考慮自己的連任問題，或是如何幫助本黨同志

當選下任總統，好鞏固自身的歷史地位（許多人曾說：「我們選了雷根三次，但他只當了兩任總統。」）。

突然間，這些政客發揮創意，誇誇其談，不做什麼實事。人們的恐懼減輕，對政治風險的厭惡程度可能快速降低，進而惠及股市。令人驚訝的是，此一非常真實的社會現象深植於我們的政治文化中，而我們似乎從不曾充分理解它。

回顧歷史，會發現重大法案往往是在總統任期頭兩年內過關。任期第三年是股市最好的一年，因為到第四年，吸血政客又開始競選；他會提醒大家，一旦當選將推動哪些法案，而股市不大樂見這情況。不過，吸血政客通常是口頭講講，不會有多少實際行動，因為他們不想惹惱非常重要的游離選民。如果實際去做，勢必會惹惱某些人。在美國這個以中間選民為主的國家，要當選總統就必須爭取到游離選民的支持。民主黨候選人光靠民主黨自由派的支持，共和黨候選人光靠共和黨保守派的支持，均無法登上大位。對政客來說，游離票至關緊要。做得越多，將惹惱越多遊離選民，這可不合吸血蟲之道。因此，第四年平均不如第三年，但整體而言仍不錯，股市很少在第四年下跌。

注意，你永遠不能只看平均值，還必須了解它們由哪些數值構成。沒錯，第一及第二年股市平均報酬率較差，但有時也會大幅上漲！左右股市走勢的，還是那些基本因素。對

立法風險的厭惡，通常在總統任期頭兩年內最強烈，但如果這種厭惡因某些原因而減輕，這可能成為提振股市的意外大利多。

此外也要記住，影響股市的因素極多。政治風險是重要因素，但也只是重要因素之一，其他因素可能蓋過美國政治荒謬劇的影響（此外，美國經濟雖大，占全球經濟產出也不足25%，[90]而全球各地股市傾向同方向波動。不過大家也有必要注意，自1939年以來，在美國總統任期內的第三年，全球股市不曾整年收低）。例如，2009年是歐巴馬總統上任第一年，美股大漲，這跟全球股市經歷大空頭走勢後強勁反彈有關——那是驅動股市的一股巨大力量。不過回顧歷史，民主黨人新當選總統，上任第一年通常是股市的大好年；這跟第一年總平均表現差很多，但這些大好年正是構成平均值的一部分。永遠別忘了深入探究平均值（迷思41還將談到這一點）。而且記住：有時看似迷信的東西，其實絕非迷思。

---

90 國際貨幣基金組織，世界經濟展望資料庫，截至2010年4月30日。

迷思 41

我支持的政黨，對股市最有利？

太多投資人容易受自身的意識形態偏見蠱惑。如果你是堅定的共和黨人，你會認為共和黨執政時，世界變得更好，反之亦然。人們還認為他們的「團隊」向來對股市更有利，未來也將如此。而你可用不同方式切割數據，得出民主黨或共和黨更好的推論，但究其根本，兩黨其實無分軒輊。執政與政策效應是有時差的。認定某黨必然更好，只是意識形態上的偏見，是一種認知錯誤。而在投資上，偏見是你的天敵。

沒錯，回顧歷史，長期而言，民主黨人擔任美國總統時，美股報酬率略高於共和黨人擔任總統。但想想統計學家會怎麼做，他們通常會剔除一些離奇的最高或最低數值（無論是哪一黨執政），因為它們可能僅是一時的異常現象，本身並無實際意義。統計學家會分析剔除異常數值後的數據。結果顯示兩黨有差別嗎？符合統計上的一致性嗎？結論是，

剔除零星異常數值後，共和黨與民主黨籍的總統平均表現幾乎完全一樣（見迷思40）。

而且，總統表現特別好或特別差的時候，有時國會由他的政黨控制，有時則是在野黨控制。如果你將國會的勢力版圖納入分析，情況就更混沌了。

但如果你看過迷思40，應該已經知道總統周期影響股市的原理。總統任內第四年（也就是大選年），股市報酬率平均遠高於總統就任的第一年——實際情況視投資人對吸血政客搶走他們的金錢或權利有多恐懼。

⑤ 某些時候，哪一黨執政確實有差

話雖如此，哪一黨的人當總統，有時是有差別的，例如大選年，以及總統上任第一年，尤其是在政黨輪替的時候。在共和黨取代民主黨入主白宮的大選年，美股平均報酬率為13.2％（見下頁**表41.1**），顯著優於股市長期平均表現。如果白宮及國會均由民主黨落入共和黨手上（這種權力大規模轉移比較罕見），大選年平均報酬率更是高達25.5％——遠高於平均水準！這是政黨對股市產生影響的時候。為什麼呢？

投資人中，傾向支持共和黨與傾向支持民主黨的比例約為二比一。共和黨政治人物一般被視為親市場、親商界，他們競選時會提出親市場的政綱，多數投資人因此感到安心，

>>> 表41.1　美國政黨輪替與美股表現——怪異的逆轉

	大選年	就任首年
民主黨人取代共和黨人出任總統	−2.8%	21.8%
共和黨人取代民主黨人出任總統	13.2%	−6.6%
總統及國會均由共和黨落入民主黨手上	−8.9%	52.9%
總統及國會均由民主黨落入共和黨手上	25.5%	−3.0%

資料來源：Global Financial Data公司，標準普爾500指數總報酬，1925年12月31日至2009年12月31日。

股市因此受惠。共和黨人勝選時，美股在大選年的表現通常優於平均水準。

　　相對地，民主黨政治人物被視為社會政策的強力推動者——他們提出促進社會公平的政綱，矢言擴大政府規模以促進公平。此類政綱往往被視為是反商界及反自由市場的，這會嚇到多數投資人，令股市表現較差。在民主黨人取代共和黨人入主白宮的大選年，美股平均跌2.8%，遠遜於平均水準——2008年的情況正是如此！如果國會同時由共和黨落入民主黨手上，美股平均跌8.9%，表現很難看！

⑤ 怪異的逆轉

　　古怪的事，發生在總統就任的第一年：這可說是怪異逆轉的一年！就任當晚，新總統喝過幾杯心愛的飲料後，競選連任的活動馬上就開始了。或許有幾位總統是等到第二天早上，但我懷疑是否真有這樣的總統。

　　新總統知道，自己的權力基礎基本上無可改變，未來四年支持陣營大致固定。共和黨保守派不可能突然背棄共和黨籍總統，轉為支持民主黨的總統候選人；同樣地，民主黨自由派不可能突然背棄民主黨籍總統，轉為支持共和黨的總統候選人。

　　因此，總統尋求連任的首要考量，是吸引至關緊要的中間選民，以及對手陣營的邊緣支持者。中間選民才是決定總統選舉勝負的關鍵。因此，總統口頭上討好自己的忠心支持者，但實際作為卻向中間靠攏，不管他最初是否有意這麼做。他在某些議題上退卻，在另一些政策上的立場則軟化，免得惹惱中間選民。共和及民主兩黨莫不如此。總統若不走中間路線，其民意支持度將很快下降。

　　因此，上任後首年，新總統（無論是民主黨還是共和黨籍）的作為比民眾期望或害怕的來得溫和。共和黨籍新總統證明只是一名政客，而不是市場期望的自由市場鬥士。於是投資人感到失望，股市因此在共和黨人重新入主白宮的第一

年平均跌6.6％。在標準普爾500指數的歷史上，只有一位共和黨籍總統上任首年大盤是收高的（見迷思40之表格），那就是老布希。不過他是接替另一位共和黨籍總統（雷根），而不是替共和黨重新入主白宮。

但如果是民主黨人取代共和黨人出任總統，市場預期新總統將推行法式社會主義。但民主黨籍總統也不過是名政客，他會背離本身的忠誠支持者，向中間靠攏，實際作為遠比市場在大選年擔心的少。市場得到意外驚喜，越來越放心——美股在民主黨人取代共和黨人出任總統的首年，平均大漲21.8％。

歐巴馬總統的情況正是這樣。他上任時，市場怕得要死，但隨後逐漸放心，結果他任內首年，美股大幅收高26.5％[91]（在可怕的2008大選年，美股重挫37.0％）[92]。在我撰寫本書時，共和黨人仍然討厭歐巴馬，但普遍承認他做的比他承諾的少，也比他們起初擔心的少。

事實上，民主黨籍總統上任第一年，美股幾乎總是上漲——只有在卡特上任的1977年跌7.2％（見下頁**表41.2**），或許是卡特向中間靠攏得不夠。雖然整體而言，美國總統任內首年美股表現是四年中最差的，但如果只看民主黨籍總

---

91 Global Financial Data公司，標準普爾500指數總報酬，2008年12月31日至2009年12月31日。

92 同上，2007年12月31日至2008年12月31日。

>>> 表41.2　民主黨籍總統任內首年，美股幾乎總是收高

	任內首年	美股報酬率
小羅斯福——首任	1933	52.9%
杜魯門	1949	18.1%
甘迺迪／詹森	1961	26.8%
詹森	1965	12.4%
卡特	1977	**−7.2%**
柯林頓——首任	1993	10.1%
歐巴馬	2009	26.5%

資料來源：Global Financial Data公司，標準普爾500指數總報酬。

統，他們上任首年的股市表現一點也不差。

　　某程度的政治偏見是沒問題的，多數人皆有自己的政治傾向。我個人覺得共和及民主兩黨的政客皆面目可憎，但一般民眾自稱是共和黨人或民主黨人，我則覺得完全沒問題。這就像當某支職業球隊的球迷：你熱愛自己支持的球隊，討厭其對手，這令你有某種歸屬感。但就投資而言，政治偏見十分危險，可能令你看不清左右股市的基本因素。

　　共和黨的政策有時對市場有利，有時則傷害市場，民主黨也是這樣。因此，如果你了解好壞政策的差別，了解它們

如何影響市場信心和股票需求，以及能掌握相關時機，那當然很好。但如果你只是因為自己支持的政黨勝出或落敗而對股市樂觀或悲觀，你基本上是忽略了實在的基本面因素，忽略了股票的供給與需求，一如你根據心儀的球隊勝出或落敗而決定如何操作。這是相當荒謬的！

迷思 42
股市報酬率太高了，必將回落？

如果我們的投資觀念出錯，僅是源自某個容易診斷的問題，那我們的生活將簡單得多。不過事實不然。人類在思考資本市場投資這種非常反直覺、不自然的事物時，有千萬種出錯的方式，以致行為心理學演化出一個分支──行為財務學，來處理相關問題。

常見問題之一，是人類的「畏高」心理。人們因為錯誤解讀而十分害怕高本益比（迷思26），正是因為畏高。股市整體本益比無論處於什麼水準，對未來任何時段的股市報酬率並無預測作用──儘管許多人一直相信本益比具預測作用之迷思。「畏高」心理能以各種方式迷惑你，令你在投資上慘遭挫敗。我們對股市長期報酬率的看法，就是例子之一。

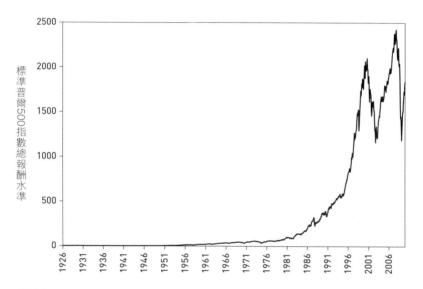

>>> 圖42.1　美股報酬，線性刻度——很容易迷惑人

資料來源：Global Financial Data公司，標準普爾500指數總報酬，1925年12月31日至
2009年12月31日，線性刻度。

$ 刻度問題

　　圖42.1是1926年起，標準普爾500指數總報酬的簡單圖
形。該圖令一些人嚇到腳軟，尤其是那些認為股市現在（或
未來任何時候）高得離譜，終將崩跌的人。看看這張圖，它
似乎顯示長期以來，股市報酬率保持相當穩定的狀態；然後
約從1990年起，股市飆漲，報酬率升至真正不可持續的水

準。太高了！恐怖！（在這張圖上，1929年美股崩盤完全無跡可尋——你可以開始想想它反映了多少真實）。

人們常被事物的表象騙了。那「可怕的」漲勢，不過是超長期複利的結果。但是，許多人仍無法擺脫以下想法：股市已漲得太多、太快，大崩盤（比2007年至2009年的空頭市場更大更持久的跌勢）必將發生（儘管以歷史標準衡量，2007年至2009年的股市跌幅已非常大）。

現在看看下頁**圖42.2**。看起來是合理的長期報酬，既不可怕，也不像是即將崩跌。只是，**圖42.1**和**圖42.2**其實顯示一模一樣的數據——標準普爾500指數1926年至2009年底的總報酬，兩圖唯一的差別是刻度。

這是怎麼回事？**圖42.1**是以線性刻度顯示美股報酬。線性刻度本身沒什麼問題，統計上很常用，即使用來顯示股市報酬，只要數據時段夠短，也不成問題。用線性刻度顯示股市長期表現，問題在於指數每一點的波動，在縱軸上均占同樣空間。

例如，指數從100升至200，升幅在線性刻度圖上，跟指數從1000升至1100相同——因為兩者均是升100點，但我們不是這麼看股市波動的。指數從100升至200是漲了100％，是倍增！但從1000升至1100僅是升10％。因此，將1926年以來的標準普爾500指數表現畫在線性刻度圖上，會令近年的升幅顯得碩大無朋，因為近年指數本身的水準，比數十年前高得

>>> 圖42.2　美股報酬，對數刻度——數據相同，圖形不同

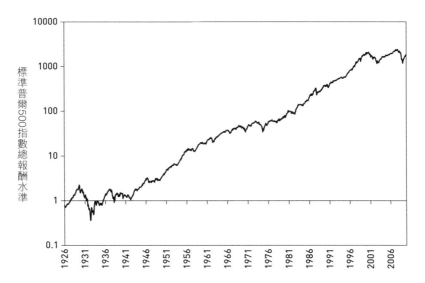

資料來源：Global Financial Data公司，標準普爾500指數總報酬，1925年12月31日至
2009年12月31日，對數刻度。

多。但是，1990年至2009年的美股年均報酬率，實際上不如
1926年至1989年的平均水準（分別為7.8％和10.2％）[93]——這
是拜2000年代兩波大空頭所賜。但是，在線性刻度圖上，股
市近20年的升幅卻大得驚人，遠大於先前七十幾年的總升

---

93 Global Financial Data公司，標準普爾500指數總報酬，1989年12月31日至2009年12
月31日及1925年12月31日至1989年12月31日。

幅。很諷刺，對吧？

　　圖42.2以對數刻度顯示同樣的數據，這是觀察股市長期表現的較佳方式。在對數刻度圖上，股價指數兩段時間的點數變動幅度即使相差很大，但如果變動百分比相同，在縱軸上占的空間也相同。這是「看」股市長期報酬的正確方法。例如，指數從100漲至200（升100％），對數刻度圖上的升幅，跟指數從1000升至2000（也是升100％）是一樣的。你和你的投資組合，也是這麼「體驗」市場波動的。

　　這是刻度問題——你應學會以正確方法看數據。選擇正確刻度，是典型「破謬」術之一。刻度選對了，多數人天生的「股市懼高症」即可解決。而你也將明白，長期而言，股市報酬率遠比你想像的穩定。

第五部

美麗大世界

美國人常被批評為過度物質主義、講話大聲、舉止粗魯⋯⋯這的確是某些人的看法。美國人在法國都不願意講法文。但這些愛法人士（及多數其他人）未認識到的是，美國人和其他國家的人，相似程度其實高得出人意表。從美國到法國到日本以至非洲，幾乎所有投資人均未能放眼全球。事實上，投資人此一群體，眼光是十分狹隘的！

美國人可能會說：「其他國家的人或許是眼光狹隘，但美國很大！我們不需要放眼全球。在了不起的美利堅合眾國，我們需要的股票一應俱全。」美國真的了不起！我本人就不想住在其他國家。加州問題多多，但哪裡不是這樣！不過，我從不想僅投資美國，你也不應這樣。

但更重要的是，無論你來自何方，你的投資組合及你的觀念均不應受限於國界。美國很大（也很了不起），但也僅占全球GDP約25％。[94] 非常大！但也不過是世界的四分之一。換句話說，美國境內發生的事，可能受占全球GDP 75％的非美國世界影響。

這意味著世界各地的相關性，遠高於多數人的想像。不僅是最近如此，而是多個世紀以來均如此——但很少人認識到這一點。因此，忽略世界的人，會錯過改善投資組合管理的大好機會（迷思43、44）。

---

94 國際貨幣基金組織，世界經濟展望資料庫，2010年4月。

這是放眼世界的一個重大好處。此外，光是因為未能放眼世界，投資人就一直未能擺脫一些重大的觀念錯誤。人們在投資上常犯錯，是因為他們看世界的方法出了問題——這是你知道的。本書第四部告訴我們，查證歷史是很好的「破謬」術。不過，只要懂得應用全球視角，投資人的視野也能變得清晰許多。

債務問題令許多人歇斯底里，認為人人均過度負債，包括美國政府。美國政府如何使用舉債所得、此中原因以及負債多少才算過高，均是可以爭論的問題；但思考這問題時，只要考慮歷史與全球背景，對債務的恐懼將立即消散（迷思45、46、47）。此外，因為世人喜歡將美國妖魔化，許多人未能認識到，美國的經濟與財政狀況跟一些其他國家其實很像，而這種狀況不曾帶給這些國家或美國災難。只要應用「破謬」術，你就能清楚看到這一點（迷思45、48）。

簡言之，如果你施展「破謬」術時能放眼全球，美國及其他國家的金融問題其實沒那麼神祕。至少，你可以不必那麼害怕恐怖行動摧毀資本市場（迷思50），也可以減少對GDP此一廣受矚目的經濟指標之誤解（迷思49）。

「全球破謬」的妙處是你不必走遍全球，只需使用你的個人電腦，即可輕鬆辦到。如果你看世界能比多數人清楚些，你將占有顯著優勢——這可不是迷思。

迷思 43

外國股票太陌生了？

「投資海外股」這話，是否令你不寒而慄？你是否覺得外國股票很⋯⋯陌生？許多美國人跟你一樣。太多美國投資人完全忽略美國以外的世界了。也有許多人認為外國證券是本質上「風險較高的」資產類別，因此僅持有10%或20%。實在太少了！

我甚至聽過入行已久的專業人士說外國證券「風險較高」。但他們沒說跟什麼比起來較高。利用免費的公開資訊，查證一下歷史，你就能輕易駁倒這些說法。事實是：投資非美國股票與債券，風險跟投資美國證券相若。一個配置得宜、充分分散的股票投資組合，一半資金配置在非美國股票上，是有益的。

50%的外國股票？聽起來很離譜，不。以股市市值計，美國仍是世界第一大國，但也僅占已開發世界股市市值約49%。[95] 如果將新興市場國家也算進來，則美國股市市值約占

全球43%。[96] 如果僅投資美國股市，你會錯過全球一半以上的股票投資機會，以及額外分散投資的好處。

　　以前，美國散戶投資人忽視美國以外的世界，或許有些道理。曾幾何時，透過外國交易所買賣外國股票，交易成本非常高，即使有盈利也會遭蠶食。而且，非美國企業的資訊揭露，也無法保證充分。但近數十年來，隨著交易所電子化，全球買賣股票變得快速又簡便——美國人大量購買智利股票，一如購買任何美國股票般方便。此外，美國投資人也不再需要為買賣外國股票而買賣外匯，匯兌風險因此降低。藉由美國存託憑證（ADR），美國人可以在美國的交易所，以美元購買許多外國公司的股票。而且，在已開發國家以至許多（如果說不上多數的話）開發中國家，上市公司的會計準則正逐漸統一。無論你買的是一檔美股、法國或巴西ADR，會計準則及財務報告要求基本相同。

ⓢ 美股及非美股的相關性高得出人意表

　　倘若非美國股票風險顯著較高，其報酬率應瘋狂波動，但事實不然！美股及非美股的相關性比多數人想像的更

95　Thomson Reuters，截至2010年3月31日。
96　同上。

高——向來如此（在我1987年著作《華爾街的華爾茲》中，有大量圖表顯示美國及外國市場數百年來很強的相關性）。我們的經濟是全球一體化的（如《華爾街的華爾茲》指出，經濟全球化的程度遠高於人們的普遍認知），影響美股的許多總體經濟力量，往往同時影響美國以外的股市。

下頁**圖43.1**顯示美股與非美股年度報酬率——前者以標準普爾500指數為指標，後者則以反映歐洲、澳洲及遠東地區股市表現的MSCI歐澳遠東指數為指標。兩者傾向同方向波動：一者上升，另一者通常也上升；美股有時漲多一點，有時跌多一點，但美股與非美股一般不會反向而行。如果美股跌很多，外國股市也會下跌，只是跌多跌少的問題。有時兩者走勢可能顯著背離，但那只是短暫現象。自1970年以來（此時開始我們才有非美股的一流數據，我的1987年的著作是根據粗糙得多的指數與數據分析），美股年均報酬率10.0%，歐澳遠東股市年均報酬率則為9.4%（以美元計）。[97] 沒有證據顯示，兩者的報酬與風險未來將有本質上的顯著差異。但兩者合而為一，波動性則低於兩者的單獨狀態。分散投資因此是值得的。

如果你這麼分散投資，你可說是藉由投資全球股市降低

---

97 Global Financial Data公司，標準普爾500指數年均總報酬，1969年12月31日至2010年4月30日；Thomson Reuters，MSCI歐澳遠東指數年均總報酬（計入淨股息），1969年12月31日至2010年4月30日。

> > > 圖43.1　標準普爾500指數與MSCI歐澳遠東指數長期密切相關

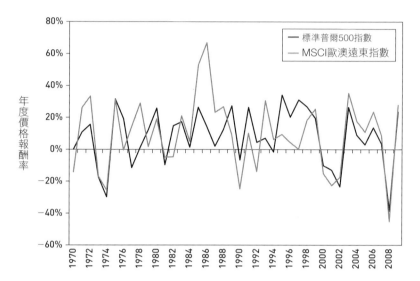

資料來源：Thomson Reuters，MSCI公司，標準普爾500指數與MSCI歐澳遠東指數價格報酬，1970年12月31日至2009年12月31日。

風險。你不妨換個方式思考。許多人不斷抱怨美國在社會與政治方面誤入歧途，最終將因此喪失長久以來的全球領導地位。嗯，這觀點可能對，也可能錯。但如果你有這樣的恐懼，就更有理由執行全球分散投資了。

事實上，如果你不盡可能地分散投資，你可能會錯過有效管理風險的機會！不過，我們下一章再來破除外國股票無法令你獲益的謬論（迷思44）。美股與非美股每年的表現差

異，足以令分散投資的人得到好處。因此，別再抗拒外國股票了，放手開始全球投資吧。

迷思 44

誰需要外國股票？

誰需要投資外國股票？很可能是你。你可能已看了迷思43，知道作為一個資產類別，非美國股票與美股的風險本質上並無顯著差異，長期報酬率也應非常接近。既然如此，為什麼有需要投資外國股票？兩個原因：

1. 改善風險控管
2. 獲得更多提升報酬的機會

沒錯，長期而言，美股與非美股的報酬率應非常相似（以往確實如此）。但兩者表現有時會有顯著差異，互有領先，這種時段可能持續3、5、7年，或長或短——一如其他資產類別，如成長股對價值股，大型股對小型股，又或者是科技股對能源股（迷思10）。

下頁**圖44.1**顯示標準普爾500指數報酬率除以MSCI歐澳

>>> **圖44.1　標準普爾500指數vs. MSCI歐澳遠東（EAFE）指數**
——互有領先

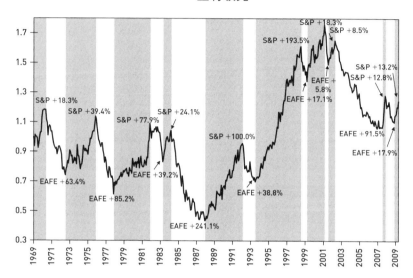

資料來源：Thomson Reuters，MSCI公司，標準普爾500指數總報酬，MSCI歐澳遠東指數總報酬（計入淨股息），1969年12月31日至2009年12月31日。

遠東指數報酬率的情況。曲線上升代表美股表現優於非美股（圖中灰色部分），曲線下跌（白色部分）代表非美股表現較佳。該圖顯示，灰色與白色部分面積相若，但美股與非美股是常常互有領先的。

⑤ 美股與非美股不定期互有領先

自1970年起,美股與非美股不定期互有領先。有時美股在相當長一段時間內大幅領先,例如在1990年代中後期領先歐澳遠東指數193.5%。[98] 非美股有時表現較佳,例如在1980年代曾領先美股241.1%。[99] 不過,這種表現顯著有別的時段,有時短得多。

但就長期而言,兩者績效往往非常接近——別忘了,自1970年以來,美股年均報酬率10.0%,歐澳遠東股市年均報酬率則為9.4%[100](原因見迷思10)。別以為**圖44.1**顯示美股與非美股常背道而馳!不,兩者往往同方向而行,只是其中一者可能升多一些或跌多一些(請再看看迷思43的圖)。

因此,如果你僅持有美股,你在1990年代可能覺得好極了,但你會錯過1980年代及2000年代非美股表現較佳的時期。你可能對未來兩者表現有自己的判斷(這是沒問題的),但我們無法確定未來何者表現較佳,以及持續多久。

---

98 Thomson Reuters,標準普爾500指數總報酬,MSCI歐澳遠東指數總報酬(計入淨股息),1994年6月30日至1999年6月30日。

99 Thomson Reuters,標準普爾500指數總報酬,MSCI歐澳遠東指數總報酬(計入淨股息),1985年2月28日至1988年11月30日。

100 Global Financial Data公司,標準普爾500指數年均總報酬,1969年12月31日至2010年4月30日;Thomson Reuters,MSCI歐澳遠東指數年均總報酬(計入淨股息),1969年12月31日至2010年4月30日。

因此，僅持有美股的投資人大有可能經歷1980年代的情況，在很長一段時間內績效落後於非美股。既然非美股的風險並非本質上較高，而長期而言美股與非美股績效相若，只是兩者將不定期互有領先，而這種時段可持續多年，投資人為什麼要錯過表現領先的資產呢？因此同時持有美股與非美股，即可穩定你的長期投資績效。

忽略外國股票，也可能令投資人錯過其他提升績效的機會。如果你能放眼全球，你可以選擇的標的是整個世界的股票，比僅投資本國廣得多。如果你的分析顯示非美股表現會優於美股，你可以加碼持有非美股。不是叫你出清美股，而是如果非美股原本占投資組合約一半，你可以將比重提升至55％、60％或65％。如果你判斷正確，你的投資報酬將可提升；如果錯了，你也不會損失慘重，因為你仍持有很大比重的美股。你也可以在較小的範圍內調整投資組合，例如針對類股、單一國家以至市值規模或投資風格。如果你能放眼全球，將有更多選擇與機會調整投資組合，冀能提升績效。最妙的是，你不必每次皆判斷正確，只需要對多於錯。這是全球投資有助提升績效的部分。

⑤ 改善風險控管

投資時放眼全球，也有助管控風險。現代投資組合理論

的核心概念，是分散投資——結合表現並非亦步亦趨的資產——可降低整個投資組合的波動風險。如果方法得宜，分散投資的程度越高，效益越好。

　　為什麼？因為越是分散投資，越能規避類股、市值規模、投資風格以至單一國家風險。那麼，你是否還將經歷向下的波動？當然，這是無可避免的！天底下沒有一個股票投資組合避得了市場風險。但是，金融理論告訴我們，資產較多元的投資組合，整體表現相對平穩一些。

　　為什麼美股、非美股以至各種類股的長期報酬非常接近？請看迷思10！請別放棄改善績效和風險控管的機會，你只需要在投資時，放眼全球就行了。

迷思 45

高負債遲早拖垮國家？

無論你是什麼政治傾向——左翼、右翼、中間派、自由放任主義、環保主義，甚至是法式社會主義，人人皆認為自己的國家債台高築。而且，幾乎人人皆認為重債很可怕，可能永遠拖累國家經濟。

如果你跟多數人一樣討厭債務，2009年發生的事可能令你非常憤怒：華府規模龐大的經濟刺激措施，令美國的公共債務大增。我們可以爭論財政刺激措施是否恰當，刺激措施是否執行得當，錢是否花得有效益（事實上，政府支出總是一團糟；但為了刺激經濟，有時亂花錢比不花錢好）。但無論如何，無可否認的是，2009年底美國公共債務淨額約相當於GDP的53％，[101] 是近數十年來的高水準。

---

101 TreasuryDirect，美國國會預算辦公室（CBO），2010年3月。

$ 長期的高負債

　　但情況真有那麼糟嗎？**圖45.1**顯示美國公共債務淨額
（也就是欠公眾的債，不包括對聯邦政府機關的負債——見
迷思47）對GDP的百分比。美國眼下的負債雖然相當高，但
比1991年至1998年間（當時景氣大好，股票報酬率也很高）
也高不了多少。

>>> **圖45.1**　　美國公共債務淨額對GDP之百分比
　　　　　　　——目前回到1950年代的水準

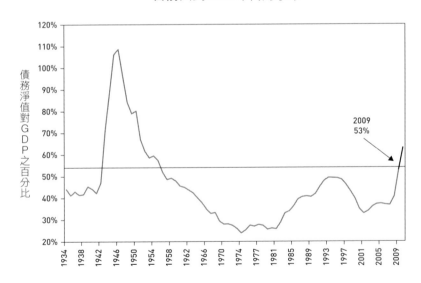

資料來源：TreasuryDirect，美國國會預算辦公室（CBO），2010年3月。

而1943年至1955年間，美國的公債負擔比現在還重，在二戰之後達GDP的109％。誠然，那些債務跟戰爭有關。人們往往對戰爭相關債務較寬容，認為那是不得已的，而和平時期的負債則是出於我們的抉擇。但經濟不關心債務的目的或道德性質——經濟只在乎是否有額外的錢被借走並用掉。收到錢的人會再使用這些錢，每一次交易均衍生更多交易，促使資金在體系中流動，令經濟狀況變得更好。1940年代末至1950年代初這段時期，在歷史上並非以經濟不景氣著稱，甚至也不是以高負債著稱。

　　諷刺的是，在二戰之前的大蕭條時期，美國負債較輕，但經濟極其萎靡。而1950年代高負債時期後的一段時間，美國經濟也並未陷入困境。那時候，高負債並未對美國經濟造成不可挽回的損害，現在也應該不會。

⑤ 外國負債更重

　　害怕美國負債過重的人，忘了做一些基本「破謬」工夫，如放眼全球，查證歷史。例如，英國就保留了很豐富的GDP與公債歷史記錄——如下頁**圖45.2**顯示，數據竟可追溯至1700年。

　　講到英國，我向大家報告，我上次查證時，這國家並非處處是冒煙的廢墟。英國歷史上很長一段時間，負債遠高於

>>> **圖45.2 英國公共債務淨額對GDP之百分比──以前高得多**

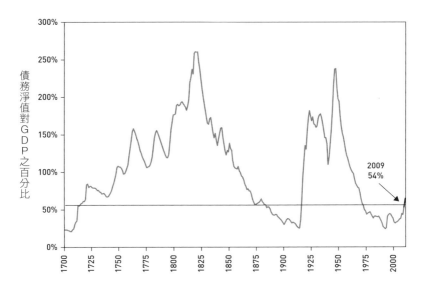

資料來源：英國財政部（www.ukpublicspending.co.uk），截至2010年3月，包括至2010年的預算展望。

今天美國人所能想像的水準，但國家整體表現並不差。1725年至1875年大致上是英國的黃金時期，當時該國是支配世界的經濟與軍事強權，地位類似今天的美國。期間英國發生工業革命──1830年代始於英國，數十年後傳至歐洲大陸，然後是美國。當時英國領先全球。但在整整150年間，英國的公債負擔比今天的美國沉重──從1750年至1850年的百年間，英國公債淨額對GDP的百分比超過100％，觸頂時高達250％

以上，是今日美國的4倍有餘。

想想這情況。當時的英國，經濟發展程度遠不如今日的美國，經濟活動也遠不如今時多樣，而當時整個世界的經濟發展程度也遠不如今天；當時的資訊仰賴緩慢的輪船和馬匹傳遞，人們使用的是羽毛筆（我研究過了，我肯定他們當時沒有筆記型電腦）。既然那時英國可以承擔相當於今日美國水準4倍以上的負債，而且能帶動全球經濟成長，同時產生許多改變世界面貌的發明，在此期間還必須承擔拿破崙戰爭帶來的沉重負擔，因此我肯定美國有能力應付目前的負債（我甚至認為再高一些也可以）。債務增加或許不是好事，我也不是主張政府多借錢，但以美國目前的負債水準，情況並不是很差——不是許多人想像的那麼災難性。

但人們多數不像我這麼想，他們不查證歷史，也不看其他國家的情況。即使在「現代時期」，有些已開發國家的債務負擔常遠高於美國，而且未招致災難。讀者可能會想起2010年的希臘及其債務問題，該國的情況，不正是顯示負債過重是嚴重問題嗎？不，事情並非那麼簡單。當然，負債過重可能是一個問題，但查證歷史，我找不到一個確切的數字可以告訴我們，對美國及其他已開發大國來說，怎樣算是「過度負債」。希臘的問題，是人們擔心它無力還本付息，因此可能賴債（在我看來這是胡說，因為過去希臘利息支出對GDP的百分比曾高達目前水準的2倍以上，而該國仍可度過

難關）。但只要經濟景氣稍好一些（目前希臘的景氣確實不好），債務問題即可解決！

2010年的利率處於歷史低點，連希臘也是。希臘需要的，是厲行肅貪，大砍社會主義政策，力行自由市場資本主義──一如美國！這可促進經濟成長，降低負債對GDP的百分比，令未來的債務變得較可承擔（希臘還可提醒我們福利社會的危險，但這有點離題了）。

美國眼下的負債並不令人擔憂，而且再增加一些，也不至於達到確實有問題的地步。放眼全球與歷史，你將不會那麼擔心美國目前的債務負擔。如果你想知道美國目前的利息負擔有多輕，以及以前的情況，請看迷思46。美國目前的負擔，完全稱不上是處於關鍵的危機水準。那只是謬論。

迷思 46

美國應付不了債務？

許多人抱怨美國負債過重（迷思45）。美國的確背負重債，但這問題不大，原因之一是利息成本不像許多人擔心的那麼重。我在2010年撰寫本書時，美國的債務利息支出相當低——即使跟近數十年相比，仍是處於相對低位。

截至2009年底，美國淨債務利息支出每年逾3000億美元。哇！似乎很多，但事實不然。斷章取義地看一些嚇人的大數字，往往會產生不必要的恐慌。美國經濟規模龐大，負債及利息支出的金額因此可能顯得大得不可思議。處理「大」數字的簡單「破謬」術之一，是選擇適當的解讀刻度：將它們除以GDP，得出一個百分比，往往是適當的分析方式。

下頁**圖46.1**顯示美國淨債務利息支出對GDP的百分比。令人驚訝的是，美國目前雖背負重債，但利息支出仍僅為

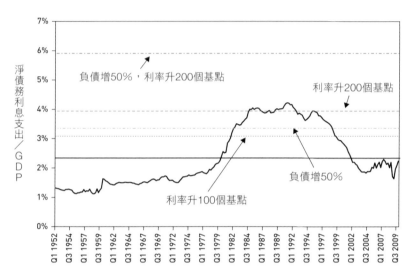

>>> 圖46.1　美國聯邦政府利息支出對GDP之百分比
　　　　　——目前處於1980年前的水準

淨債務利息支出／GDP

負債增50%，利率升200個基點

利率升200個基點

利率升100個基點

負債增50%

資料來源：Thomson Reuters，聯準會資金流動數據，美國經濟分析局，美國財政部
（1952年第一季至2009年第四季）。

GDP的2.2％左右，跟以往比較一點也不突出。

　　美國目前的淨債務利息支出，比1979年至2002年間（期間股市於1980及1990年代均曾出現大多頭走勢）任何時候來得低，比1950及1960年代也高不了多少。1984年至1996年間，利息支出對GDP的百分比幾乎是現在的2倍，但當時股市與經濟整體情況完全沒問題。

⑤ 低利率降低利息成本

　　為什麼美國負債那麼重，利息成本卻可以那麼輕？嗯，首先，相對於美國的經濟規模，美國的負債其實並非人們普遍想像的那麼重（見迷思45）。其次，利率目前處於歷史低位——自1980年代初以來，全球利率即一直趨跌，這是利息成本不重的一大原因。美債利息成本若要升至GDP的3％（低於1980年至1999年的水準），美國長期債務平均利率必須升高整整1厘。若利率保持目前水準而負債對GDP的比率增加50％，則利息成本仍將低於GDP的3.5％——並非很有問題的水準。人們擔心美國負債正快速增加，但即便是最緊張的人，也很可能不預期美債在可見的未來增加50％。若要回到1984年至1996年間（整體而言是股市的好時光）的利息支出水準，美債利率必須大漲2厘。換句話說，美國目前的債務利息成本很輕，當局完全應付得來。利息成本必須大幅增加，才會回到以往經濟榮景期的水準。

　　利率是否可能大漲？當然，任何事皆可能發生。但若放眼全球，你會發現，美國利率近30年來的跌勢，幾乎是跟全球長、短期利率亦步亦趨。因此，若美國利率回升，照理說將跟隨全球利率上升。我可能猜錯，但我的估計是，除非我們重犯1970年代的貨幣政策大錯，造成全球惡性通膨及超高利率，否則我們很可能將經歷一段低利率時期。當然，我的

估計可能出錯。沒錯，利率很可能將從2009年和2010年的歷史低位上漲，但這需要一些時間。而且，隨著經濟成長，美國利息支出對GDP的百分比將縮小。

重債不是什麼好事，但美國的利息成本目前不成問題，許多人是過慮了，這不是短期內需要害怕的事。以正確的刻度去解讀數據，再放眼全球，你就能看清問題。這是簡單的「破謬」術。

迷思 47
美國欠中國太多錢了？

在《欲望街車》（*A Streetcar Named Desire*）深富戲劇性的最後一幕，女主角布蘭琪・杜波依斯（Blanche DuBois）被送進精神病院，她說：「我向來依賴陌生人的好心。」你看，她真是精神有問題，否則怎麼會去依賴陌生人？

但許多美國人正是認為美國很依賴陌生人的好心。美國背負重債，真恐怖！（事實並沒有那麼恐怖，見迷思45）。而且更糟的是，美國欠的是外國人的錢！可怕的外國人！更慘的是，主要是欠中國人！

事情據說是這樣：中國人（以及程度較輕的其他外國人）支持美國人揮霍度日，是為了令美國人持續買他們的商品，令他們享有貿易順差，而美國則持續累積貿易逆差，直到最後自食苦果（不，不會這樣，原因見迷思48）。他們成了美國的大債主，就像拿著一把手槍，緊張地指著美國人的

頭。萬一他們決定殘忍地扣下板機，也就是停止購買美債並拋售美債，那該怎麼辦？這等同跟美國人說：「夠了，美國，我們決定不再對你們這麼好了！我們將不再做蠢事，無私無求地買你們的債券了！」這時候美國人就完蛋了，對吧？

這說法在2009年特別具說服力。當時各國紛紛推出財政刺激措施，希望能止住經濟衰退。美國也不例外，大量發債支應財政刺激措施。此時人們不斷議論世界將減持美元資產，轉投另一種準備貨幣，可能是歐元，甚至是中國的人民幣！

⑤ 投資不是做善事

真是大謬論。投資人——機構、國家以至個人——購買美債，是自由、自願的。他們買美債，不是為了對美國好，而是這非常符合他們自身的利益。想想你自己，你投資僅是為了令證券發行者（或任何其他人）開心嗎？是為了做公益嗎？（你可能會捐錢給公益團體，但你不會視之為傳統意義上的投資。那是做公益！）不！你投資是為了滿足自身的目標。你承受某水準的風險，總是希望獲得最高的報酬。

中國人也一樣。中國現在就可以自由地購買幾乎所有國家的債券，而他們確實也買了一些。但就市場規模和深度而

言，沒有一個國家的債市能與美國相比。而且，中國多年來維持人民幣對美元某程度的聯繫匯率（儘管在2010年再度有所放鬆），為此持有大量美元準備資產。他們希望這些準備資產非常安全，因此買進超級安全的美國公債。誠然，中國可能完全放棄這種聯繫匯率，但即使這麼做，也將是循序漸進的，一如中國當局所言。但即使到那時候，我估計他們仍將持有大量美元準備資產，一如許多不施行聯繫匯率制的國家。

但抱有上述恐懼很可笑，因為持有最多美國公債的，其實是美國政府。

下頁**圖47.1**顯示美國公債落在誰手上。約37％由數以百計的美國聯邦政府機關持有，主要是Medicare健保及社會保險信託基金。美國政府欠自己的債，美國人可不必擔心。美國各州、公共退休金計畫以及其他地方政府持有5.7％。同樣的，加州持有美國公債，美國人是不必擔心的。美國人可能因為許多其他原因擔心加州，但不會是因為加州持有美國公債。

然後是美國投資人——個人、公司、公益團體、銀行、共同基金、對沖基金以及許多其他投資機構，共持有27.7％。美國人喜歡美債，因為覺得它們安全（的確如此！但不盡然是許多人想的那樣——原因見迷思1）。投資美債通常得不到很高的報酬——自1980年代初以來一直如此。長期而言，美

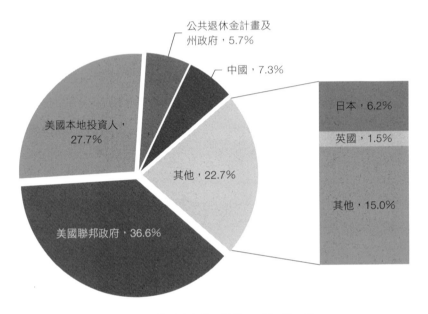

>>> 圖47.1　誰持有美國公債？持有最多的原來是山姆大叔！

公共退休金計畫及
州政府，5.7%

中國，7.3%

美國本地投資人，
27.7%

其他，22.7%

美國聯邦政府，36.6%

日本，6.2%

英國，1.5%

其他，15.0%

資料來源：Thomson Reuters，美國財政部，截至2009年12月31日。

股的報酬率幾乎總是優於美債，但你確信美國政府將按時付息還本。我想說的是，如果你想將錢放在超級安全的標的上，你在2010年應該不會購買希臘債券。如果你買希臘債券，你就是在冒很高的風險，並期望獲得很高的報酬——這跟投資美債的心態截然不同。

因此，70％的美國聯邦政府債券是由美國人、美國政府及美國機構持有，利益歸美國人；只有30％是由非美國世界持有：當中最大債主是中國，持有7.3％。有趣的是，日本持有6.2％，跟中國差不多，但沒有美國人抱怨日本人持有美債，而我們也很少聽到有人表達對日本人拋售美債的恐懼。中國人是否有什麼日本人欠缺的魔力，以致美國人害怕不已？真是好笑的謬論。

　　對市場來說，若日本賣美債而中國買進，又或者是反過來，那是毫無差別的。這是你十分清楚的事。在此之外，英國持有約2％的美債──美國人對此應該毫不擔心，英國是美國的好朋友！美國人不太在乎其他債主，因為它們都很小：墨西哥與泰國（各0.3％），盧森堡（0.7％），以色列（0.1％），印度（0.3％）。

　　記住：中國、日本、英國、泰國、盧森堡與印度，全都樂意持有美債。它們可以買其他國家的公債，的確也有這麼做，只是買得遠比美債少。不過它們購買美債，是為了滿足自身的投資及／或政策目標，而不是出於好心或為了做公益。

　　此外，美債大戶是會變的。之前幾年，日本曾是美國最大債主，持有的美債比中國更多。3年後，誰知道情況將如何？說不定東歐國家將持有許多美債，又或者是澳洲或巴西。

各國有時會多買一些美債，有些少買一些，全視自身的許多考量。但無論世界買多買少，各國的美債購買量及持有量，仍無法與美國自身相比。

　　公債買家若是對某國公債的利率不滿意，可以調整投資組合——賣掉不滿意的公債，買進報酬率較高的。因此，迄今為止，美債買家對美債還是滿意的。或許他們明天就改變想法！如果中國改變主意，大舉拋售美債，美債價格將遭壓低，殖利率因此升高。這會令美債的吸引力增強，其他投資人因此將賣掉一些其他國家的公債，買進吸引力增強的美債。因此，如果中國賣美債，將推高美債殖利率，吸引其他國家承接，結果是美債整體而言未受多大影響，但多數人就是無法理解這一點。因此，大家基本上不必擔心美國對中國、日本、英國、巴西以至不丹的負債。

　　諷刺的是，不過是20年前，美國人就像今天害怕中國人那樣害怕日本人：「哇！他們正到處收購，買遍我們的全部資產！」結果美國人擔心的事並未發生。大家應放輕鬆點，對資本體制多點信心。它是行得通的。

迷思 48
貿易逆差對市場不利？

你 知道美國有貿易逆差嗎？而且是很大的逆差？
不知道？那你一定是激進的盧德分子[102]
（Luddite），近30年來都避免接觸現代社會。美國2009年貿
易逆差達5040億美元，[103] 全球最大！人們這麼說：龐大的貿
易逆差意味著美國人購買的商品超過賣出的商品，這種揮霍
會拖累美國經濟和股市，而且令美元對其他貨幣貶值。

胡說！英文「deficit」（赤字、逆差）與「deficient」
（不足、有缺陷）源自同一個拉丁詞根，但講到貿易，赤字
不等於不足。放眼全球（標準的「破謬」術）即可消除這種
恐懼。全球各地股市高度相關，而全球貿易收支必然相抵，
既無盈餘也無赤字。

---

102 譯註：十九世紀初英國一群搗毀新引進的紡織機的工人，引申為強烈反對機械化
　　或自動化的人。
103 Thomson Reuters.

北達科他州對加州有貿易逆差，沒人會因此擔憂不已。北達科他人希望在冬季獲得新鮮的農產品供給，不想靠本地產的大麥和葵花子過活，認為花錢向陽光加州購買新鮮農產品是物超所值。沒有人會因為某州出現貿易逆差而擔心該州的市政債，人們也不會因為某州享有貿易順差而青睞該州的市政債。

⑤ 你自己的貿易逆差

換個方式思考：某種意義上，你個人就在持續累積貿易逆差。你到超市買牛奶、蕃茄、通心粉和起司，但你不賣任何東西給超市，你只是給錢！天啊，這樣下去你勢必破產！你知道這說法很荒謬，你的整體財務狀況根本不能這麼解讀。同樣地，國家的貿易收支也不能這麼解讀，理由如下。

你有錢，是因為你另有賺錢的方法。你可以自己種蕃茄，自己做通心粉和起司。但除非你是職業農夫，你知道最好是做自己更擅長的工作，享受分工的好處。因此，你找一份工作，賺取薪酬，然後花錢購買需要的商品與服務，這令你對自己光顧的商店——超市、電器店、菸酒店等——出現貿易逆差。但你不認為自己留在家裡養雞，然後跟商店以物易物，會比上班賺錢後花錢購物更好。不！你認為那是瘋狂的想法，你很清楚後者是更明智的做法。英國傑出經濟學家

大衛‧李嘉圖（David Ricardo）證明，分工不僅對你有利（這是你直覺知道的事），對國家也有利。對許多人來說，後者並非顯而易見，但卻是千真萬確的事。為什麼呢？

因為國家出現貿易逆差，跟你工作賺錢，然後隨意消費其實相差無幾。美國的龐大貿易逆差，其實可視為經濟長期興旺的證據，證明美國人收入豐厚，有能力讓進口超過出口。這跟入不敷出是兩回事。

⑤ 選擇正確的解讀刻度

但或許你仍不接受我的說法。沒問題──5040億美元的確是很大的金額。不過，選擇適當的刻度，正確解讀大得「嚇人」的數字，正是簡易「破謬」術之一。人腦天生傾向害怕大數字，這是人類演化的結果之一。我們覺得大的東西比小的東西可怕：一頭長毛象向你衝過來，跟一隻松鼠衝過來，你害怕體積龐大的長毛象，是很合理的。但這種直覺思維應用在資本市場上，則可能大錯特錯。畢竟，美國是很大的經濟體，年經濟產值超過14兆美元！因此，拿貿易逆差跟同期的GDP相比，才是正確的解讀方式。2009年美國貿易逆差是GDP的3.5％左右。[104]這是大還是小？看清況！

英國是否也有很大的貿易逆差？許多美國人可能從未想過這問題，他們往往只假定美國很糟，其他國家都很好。事

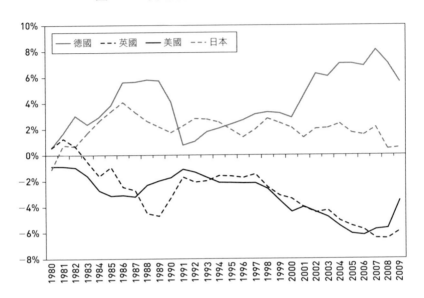

>>> **圖48.1 貿易收支——你想當美國還是德國？**

資料來源：Thomson Reuters，商品貿易收支對GDP百分比，1980年1月1日至2009年12月31日。

實不然，英國的貿易逆差如今比美國還大，約為該國GDP的5.9％。[105] 英國貿易逆差現在雖然大於美國，但自1980年以來，兩國貿易逆差對GDP之百分比其實一直非常接近，幾乎是亦步亦趨。現在兩國貿易逆差均較近年高位略為縮小。這

---

104 同上。
105 同上。

不是好事，因為很可能是最近這場經濟衰退導致的。如果貿易逆差縮小的代價是經濟衰退，你很可能不想逆差縮小。

上頁**圖48.1**顯示目前最大的已開發國家：美、英、德、日的貿易收支對GDP之百分比。從圖中可見，近30年來，美英兩國的貿易逆差大部分時候非常接近；日本幾乎整整30年均享有貿易順差；德國則是整段時期均有順差，現在的順差還很大。

$ 你想當哪一國？

美、英、德、日，你想當哪一國？自1980年以來，美國GDP年均實質成長2.8％，股市年均報酬率10.3％。[106] 同期英國GDP年均成長2.1％，股市年均報酬率11.0％。[107] 倘若貿易順差那麼好，德國和日本的經濟成長與股市報酬率應該優於美英。只是，日本同期GDP年均成長2.2％，[108] 與英國相若但不如美國。日股同期年均報酬率7.0％，[109] 大幅落後美英。德股則有9.5％的年均報酬，[110] 優於日本，但仍不如美英。同期

---

106 國際貨幣基金組織，世界經濟展望資料庫，2010年4月；Thomson Reuters，MSCI美國指數總報酬，1979年12月31日至2009年12月31日。

107 國際貨幣基金組織，世界經濟展望資料庫，2010年4月；Thomson Reuters，MSCI英國指數總報酬（計入淨股息），1979年12月31日至2009年12月31日。

108 國際貨幣基金組織，世界經濟展望資料庫，2010年4月。

德國經濟年均僅成長1.7％！[111] 貿易順差未必像人們想的那麼好，逆差則只是令人覺得不好，但其實並不壞。

　　巨大的貿易順差看來並未帶給德日兩國很大好處，正如巨大的貿易逆差看來也未嚴重傷害美英。事實上，我們可以說，德日兩國政府為促進出口，大舉干預市場運作，其實拉低了經濟成長，因為這令兩國未能像美英那樣，享受相對自由的市場的神奇力量。至少李嘉圖若在世，他會笑著這麼說。

　　此外，在美國出現貿易逆差的整段時間內，美國經濟既曾強勁成長，也曾數次衰退。期間美股曾經勁揚，也曾出現空頭走勢。但在此同時，美國的貿易逆差是持續不斷的。若貿易逆差真有那麼糟，那麼美國經濟及美股近30年應是大部分時間萎靡不振才對。但事實不然，美國經濟及美股期間在已開發世界中還是領先各國的。

　　那麼，貿易逆差令美元貶值的說法又如何？錯。近30年來，美元有時走強，有時走貶，跟美國貿易逆差的規模不相關。但近30年來，英鎊幾乎是一直保持強勢，是已開發國家

---

109 Thomson Reuters，MSCI日本指數總報酬（計入淨股息），1979年12月31日至2009年12月31日。

110 Thomson Reuters，MSCI德國指數總報酬（計入淨股息），1979年12月31日至2009年12月31日。

111 國際貨幣基金組織，世界經濟展望資料庫，2010年4月。

中最強的貨幣之一。因此，如果你想說美國龐大的貿易逆差對美元不利，那麼豈不是也必須說，英國有時比美國更大的貿易逆差（以對GDP之百分比衡量）對英鎊有利？但這麼說顯然是自相矛盾的。

簡單來說，如果美國經濟成長比其他國家快，美國人就有能力讓進口超過出口，就是這樣。2010年我撰寫本書時，美國經濟成長雖然不是比所有國家快（例如速度不如許多新興市場國家），但也快過多數已開發國家（包括歐洲及日本）和經濟落後國家。經濟成長源自自由市場的神奇力量，這種力量促進典型的「創造性破壞與重生」，令人類社會出現十九世紀初重商主義演變出資本主義以來最了不起的轉變──十九世紀初，李嘉圖日漸老邁衰弱，但其經濟觀點在世界各地日益受重視。成長乏力意味著經濟停滯，許多人痛苦不堪。

很少人願意費心去想清楚以上的事情。他們只會說「貿易逆差很大，真糟糕」，因為他們覺得貿易逆差就是不好，而且懶得去查證。只要懂得「破謬」，你就知道事實並非如此。別再害怕貿易逆差了，你大可以這麼說：「我愛貿易逆差，我希望逆差擴大而非縮小。」

迷思 49
GDP推動股市上漲？

人們普遍相信，GDP必須強勁，股市才能帶給投資人豐厚報酬。某程度上的確如此（長期而言則不是這樣——有關供給決定股價長期走勢的原因，請參考迷思10；長期而言，在供給因素支配下，各類股的報酬率幾乎相同，只是波動的過程可能差異很大）。但各類股在經濟周期的不同階段，表現可能顯著有別。

有些股票本質上是防禦型的，往往在GDP較弱時表現較佳，例如基本消費品、醫療以及公用事業類股就是這樣——但也並非處處、時時如此。景氣艱困時，人們通常會減少換電視及坐遊輪（景況較好但仍需節約的人，則可能放棄坐遊輪，改為買一台新電視），但一般還是要用電、買牙膏和阿斯匹靈（景氣十分艱困時，人們可能需要更多阿斯匹靈！見迷思39）。因此，防禦型股票在經濟疲軟時，表現往往優於大盤；當然，歷史上此類股票還是曾經在經濟強勁時表現出色。

$ 無論漲跌，股市領先經濟

但GDP推動股市上漲的觀念有兩個問題。首先，股市走勢領先經濟，而不是反過來。如果你等待經濟指標確認衰退或復甦後才買賣，你可能必須付出沉重代價（見迷思9）。例如，美國經濟1981年整體表現良好，成長2.54％，[112] 儘管這年年中經濟開始衰退。[113] 股市知道經濟將衰退，這一年收低4.9％。[114] GDP成長，但股市下跌！

這場衰退持續到1982年11月，這一年美國GDP萎縮1.94％，[115] 但股市開始反映將出現的復甦，領先經濟上漲——1982年收高21.6％。[116] GDP下跌，但股市勁漲！如果你只看GDP，期望它告訴你股市的方向，你會錯過這年的可觀漲勢。

2000年也發生類似的事，這一年美國GDP實質成長4.14％，[117] 大幅高於平均水準！但美股這年3月觸頂，展開大空頭首波跌勢，結果2000年跌9.1％，[118] 預示了2001年的經濟

---

112 國際貨幣基金組織，世界經濟展望資料庫（以下簡稱IMF）。

113 美國國家經濟研究局（以下簡稱NBER）。

114 Global Financial Data公司，標準普爾500指數總報酬，1980年12月31日至1981年12月31日。

115 NBER.

116 IMF；Global Financial Data公司，標準普爾500指數總報酬，1981年12月31日至1982年12月31日。

衰退。美股2007年觸頂，在2007年至2009年的經濟衰退開始前先行下跌。美國2008年GDP雖然接近持平，但仍成長0.44%；[119] 經濟略微成長，但這年美股重挫37.0%。[120] 2009年，美股從3月開始上漲，但美國經濟要到第三季才恢復成長。雖然年底時經濟已恢復成長，但2009年美國GDP仍萎縮2.44%，美股則大漲26.5%。[121] 第三季GDP恢復成長的消息，是在10月底首度公布的。如果你等待這數據，你會錯過美股自3月低點上漲31.5%的走勢。[122] 無論漲跌，股市總是走在經濟前面。

第二個問題是：即使在經濟成長周期內，成長高於平均水準時，股市表現可能不如平均水準，反之亦然。1992年，美國GDP實質成長3.4%，高於平均水準，但美股這年僅上漲7.6%，[123] 表現顯著不如平均水準。1995年，美國GDP成長

117 IMF.

118 Global Financial Data公司，標準普爾500指數總報酬，1999年12月31日至2000年12月31日。

119 IMF.

120 Global Financial Data公司，標準普爾500指數總報酬，2007年12月31日至2008年12月31日。

121 IMF；Global Financial Data公司，標準普爾500指數總報酬，2008年12月31日至2009年12月31日。

122 Global Financial Data公司，標準普爾500指數總報酬，2009年3月9日至2009年10月31日。

123 Global Financial Data公司，標準普爾500指數總報酬，1991年12月31日至1992年12月31日。

2.5%，[124]低於1980年以來的平均水準，在整體好景的1990年代也是表現落後的一年，但美股這年勁漲37.6%[125]——遠優於平均水準。

這是怎麼回事？經濟強勁成長時，人們的期望有時還是會偏離現實。有時人們普遍預期經濟成長非常強勁——成長率遠高於平均水準，如果成長率高於平均水準但不如人們的預期，投資人可能大失所望。通常這不足以引發空頭走勢，但足以令股市漲勢受限。反之亦然，有時人們預期經濟成長非常疲弱，但如果成長率低於平均水準但優於人們的預期，股市走勢或許仍可受激勵。畢竟，中期之內，左右市場走勢的，是出人意表的事——無論好壞。

而且別忘了，股市向前看，GDP則是測量剛發生的事，而且是事後一段時間才公布。因此，雖然經濟成長是影響股市走勢的一個因素，但別指望它是一個很好的市場指標或某種領先指標。

經濟強勁成長，股市仍可能劇烈波動

美國是很大的已開發國家，經濟規模遙遙領先所有其他

---

124 IMF.

125 Global Financial Data公司，標準普爾500指數總報酬，1994年12月31日至1995年12月31日。

國家。在較小的已開發國家，經濟與股市的表現可能背離得更厲害。在新興市場地區，GDP數據可能令投資人更混亂。

中國近年經濟成長速度驚人，２００７年成長率高達13.3％！[126]（見下頁**表49.1**）。中國股市也曾出現漲幅驚人的年度：2003年漲87.6％，2006年漲82.9％，2007年漲66.2％。[127] 只是，中國2008年GDP成長9.3％，[128] 但股市崩跌50.8％；另在經濟表現強勁的2000、2001及2002年，中國股市連三年大跌。

新興經濟體GDP大幅成長是正常的事，甚至連續多年大幅成長也並非異常。這些國家經濟成長時，人均GDP大幅增加。隨著越來越多國民躋身中產階層，他們開始購買汽車、家電及電子等商品，而這會促進經濟成長。它們的經濟成長可以自我維繫一段時間，因為經濟成長需要更多基礎設施，而基建投資將造就更多財富和經濟成長，形成某種良性循環。

此外，雖然中國名義上仍是「共產」國家，當局已（相對）大幅放寬經濟管制。中國的經濟成長，很大一部分是多年壓抑的才智和生產力釋放出來的結果。這種成長可持續下去嗎？當然。但中國也可能將經濟弄得一團糟——這種事可

---

126 IMF.

127 Thomson Reuters，MSCI中國指數總報酬（以美元計）。

128 IMF.

>>> 表49.1　中國GDP成長率與股市報酬率
——股市走勢未必反映GDP

年度	中國GDP實質成長率	MSCI中國指數報酬率
2000	8.0%	−30.54%
2001	7.4%	−24.70%
2002	8.0%	−14.05%
2003	9.4%	87.57%
2004	9.6%	1.89%
2005	10.2%	19.77%
2006	11.2%	82.87%
2007	13.3%	66.23%
2008	9.3%	−50.83%
2009	8.5%	62.63%

資料來源：國際貨幣基金組織，世界經濟展望資料庫；Thomson Reuters，MSCI中國指數總報酬（以美元計）。

以很快就發生。不過，中國經濟成長沒有什麼內在原因（政府不當干預除外）要慢下來。在2008年及2009年的全球衰退中，中國經濟成長的確有所放緩——如果你認為GDP年增8.5％算慢的話。但目前近10億中國人仍處於美國人認為比貧

窮更糟的生活水準。中國經濟成長潛力仍非常大，若政府施政得當，該國仍可維持很長時間的強勁成長。

　　但這一切跟股市沒什麼關係。拜快速成長所賜，中國經濟規模比10年前大了很多——2009年底，中國占全球GDP約8.5％，是美國及日本之後，世界第三大經濟體。[129] 厲害！如果能延續目前的成長速度，中國經濟規模不久將超越美國。但中國股市相對仍很小，市值僅占全球的2.26％，[130] 遠低於一般人認為如此巨大經濟體該有的水準（此處僅計算非中國人可以購買的中國股票。中國政府限制某些股票僅供中國人買賣。我們既然是放眼全球，就僅計算那些全球投資人均能購買的股票）。中國資本市場規模仍小，欠缺深度和多樣性（這是新興市場非常普遍的現象），波動因此特別劇烈。影響中國股市未來走勢的另一關鍵，是中國股票無法預測的新增供給（見迷思10）。長期而言，供給主導股價，短期則看需求的變化。

　　新興市場地區的政局也往往較不穩定，這會同時影響股票的供給與需求。韓國以至巴西如今已不算政治不穩定的國家，但在許多新興市場國家，私有財產無法得到很強的保護（甚至中國也是，只是中國並非委內瑞拉）。這令投資人必

---

129 同上。
130 Thomson Reuters，MSCI所有國家世界指數（ACWI）。

須承受已開發國家所無的震盪因素；新興經濟體股市報酬率可以大幅背離其經濟表現，股票的供需均可能大幅波動，也跟這些因素有關。

事實是，無論是新興還是已開發經濟體，GDP是反映經濟過去一段時間表現的好指標，但如果你期望GDP能預示市場方向，你可能損失慘重。

迷思 50

恐怖行動嚇壞股市？

　　世界很危險——2001年9月11日，恐怖攻擊殘酷地提醒了美國人此一事實。我們很少碰到真正值得我們說「這次不一樣」的時候。但對美國人來說，從911那天開始，有些根本的東西改變了。美國人知道，暴徒真想做的話，是可以找上門攻擊美國人的。

　　好消息是，儘管暴徒可能致人於死，但他們並未摧毀美國興旺的經濟或資本市場，而且很可能永遠辦不到。我怎麼知道？因為我認為未來的恐怖攻擊，震撼效果將很難比得上911事件。目前多數美國人認為，問題不在於美國是否將再度遭受恐怖襲擊，而是何時發生，以及什麼形式。因此，若想估計下次針對美國本土（或美國的盟友與海外利益）的重大恐怖攻擊之影響，我們應放眼全球，查證歷史。

⑤ 各國股市不怕恐怖攻擊

　　911恐怖攻擊發生後，股市的確重挫。考慮到此次攻擊的規模，以及空前的震撼效果，這並不令人意外。證券交易所停止運作多日，2001年9月17日重開，標準普爾500指數當天下挫4.9％，接下來一整周均下跌。[131] 至9月21日，美股在911事件後累計下跌11.6％，[132] 但隨後股市大幅反彈。此波跌勢，幅度跟多頭市場中正常的小型修正相若。至10月11日，美股已回到9月10日的水準，隨後多個月大致在這水準上方波動。[133] 但這波跌勢並非多頭市場中的修正。911恐怖攻擊發生時，美股的大空頭走勢已開始很久，走了約三分之二，可說是到2003年3月才結束。但這波大空頭並非恐怖攻擊導致的。

　　何以見得？我們來看隨後類似的攻擊事件。2004年3月11日，恐怖分子炸毀西班牙馬德里火車站。隨後數天，西班牙股市下跌數個百分點，但2004年收高逾29％。[134] 事發當天，全球股市也下跌，但20天後回升至攻擊事件前的水準，全年也收高。[135] 接著是2005年7月7日倫敦地鐵遭炸彈攻擊，但股

---

131 Thomson Reuters，標準普爾500指數總報酬，2001年9月10日至2001年9月17日。

132 Thomson Reuters，標準普爾500指數總報酬，2001年9月10日至2001年9月21日。

133 Thomson Reuters，標準普爾500指數總報酬。

134 Thomson Reuters，MSCI西班牙指數總報酬（計入淨股息），2003年12月31日至2004年12月31日。

市幾乎無動於衷。事後第一個交易日收盤時,英國富時100指數(FTSE 100)已升逾攻擊事件前的水準,全年收高21%。[136] 全球股市2005年收高9.5%。[137]

由此可見,這些事件可能對股市產生短暫影響,但即便是大規模的恐怖攻擊,也無法改變股市當時的大趨勢。2001年,股市正在走空頭,911事件過後空頭走勢持續;2004及2005年,恐怖攻擊均未能阻止股市延續多頭走勢。

恐怖攻擊看來是一種非常實在、可怕的新威脅,而股市為什麼可以如此無動於衷?主要是因為我們害怕恐怖攻擊,直覺地思考這問題,未能反直覺地思索。市場本質上是反直覺的。可悲的事實是:恐怖攻擊是悲劇,但不是一種很新的威脅,對宏大的全球經濟產生不了重大影響。

⑤ 歷史紀錄

911事件並非針對美國利益的首次恐怖攻擊,甚至不是首次發生在美國本土的攻擊。2000年,美國驅逐艦「柯爾號」

---

135 Thomson Reuters,MSCI全球指數總報酬(計入淨股息),2003年12月31日至2004年12月31日。

136 Thomson Reuters,富時100指數總報酬(以英鎊計),2004年12月31日至2005年12月31日。

137 Thomson Reuters,MSCI全球指數總報酬(計入淨股息),2004年12月31日至2005年12月31日。

在葉門亞丁港遭炸彈攻擊；1996年，沙烏地阿拉伯霍巴塔
（Khobar Towers）軍營遭攻擊；1993年，紐約世貿雙塔首次
遭炸彈攻擊──全都是蓋達組織（Al Qaeda）所為。在此之
外，1988年泛美航空103號班機在蘇格蘭洛克比上空遭炸毀；
1983年，美國海軍陸戰隊在黎巴嫩的軍營遭炸彈攻擊；1985
年，義大利客輪阿契里勞羅號（Achille Lauro）遭挾持。以色
列數十年來，幾乎每天都遭攻擊。愛爾蘭共和軍威脅英國幾
近一個世紀──在此之際，英國的資本市場繁榮興旺。第一
次世界大戰由一次恐怖行動引發。十九世紀初，美國海軍陸
戰隊還曾保護美國商船，防範北非的巴巴里海盜攻擊──海
軍陸戰隊有一首歌唱道「到的黎波里的海岸」（to the shores
of Tripoli），正是由此而來。簡言之，迄今為止，恐怖攻擊
對市場的影響是短暫的。沒錯，911事件是很大規模的恐怖攻
擊，但對市場的影響仍只是短暫的。

下頁**圖50.1**顯示近年美國及國際上一些重大恐怖攻擊發
生之後，美股的反應。平均而言，事後翌日，股市持平（微
漲），隨後數天至一個月則是上漲。對此你不應感到意外，
因為股市總是漲多跌少。簡單來說，股市並不害怕恐怖行
動。

恐怖攻擊並非新鮮事，但科技進步令其殺傷力大增。因
此，萬一發生重大的新攻擊，例如恐怖分子以手提核彈摧毀
一整個城市，後果將如何？這種事怎能查證歷史？

>>> 圖50.1　股市不怕恐怖攻擊

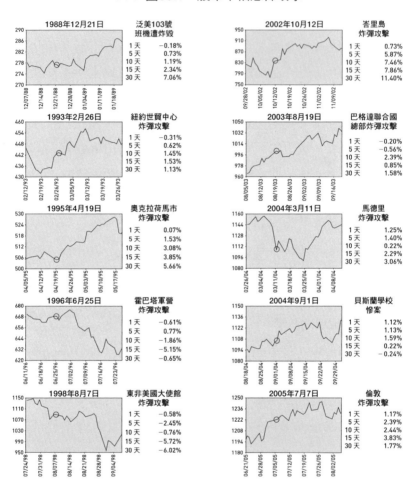

1988年12月21日　泛美103號班機遭炸毀

1 天	-0.18%
5 天	0.73%
10 天	1.19%
15 天	2.34%
30 天	7.06%

2002年10月12日　峇里島炸彈攻擊

1 天	0.73%
5 天	5.87%
10 天	7.46%
15 天	7.86%
30 天	11.40%

1993年2月26日　紐約世貿中心炸彈攻擊

1 天	-0.31%
5 天	0.62%
10 天	1.45%
15 天	1.53%
30 天	1.13%

2003年8月19日　巴格達聯合國總部炸彈攻擊

1 天	-0.20%
5 天	-0.56%
10 天	2.39%
15 天	0.85%
30 天	1.58%

1995年4月19日　奧克拉荷馬市炸彈攻擊

1 天	0.07%
5 天	1.53%
10 天	3.08%
15 天	3.85%
30 天	5.66%

2004年3月11日　馬德里炸彈攻擊

1 天	1.25%
5 天	1.40%
10 天	0.22%
15 天	2.29%
30 天	3.06%

1996年6月25日　霍巴塔軍營炸彈攻擊

1 天	-0.61%
5 天	0.77%
10 天	-1.86%
15 天	-5.15%
30 天	-0.65%

2004年9月1日　貝斯蘭學校慘案

1 天	1.12%
5 天	1.13%
10 天	1.59%
15 天	0.22%
30 天	-0.24%

1998年8月7日　東非美國大使館炸彈攻擊

1 天	-0.58%
5 天	-2.45%
10 天	-0.76%
15 天	-5.72%
30 天	-6.02%

2005年7月7日　倫敦炸彈攻擊

1 天	1.17%
5 天	2.39%
10 天	2.44%
15 天	3.83%
30 天	1.77%

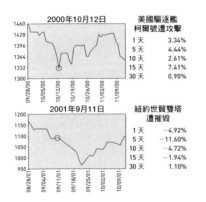

2000年10月12日		美國驅逐艦 柯爾號遭攻擊	
		1 天	3.34%
		5 天	4.44%
		10 天	2.61%
		15 天	7.41%
		30 天	0.90%

2009年11月5日		德州胡德堡 槍擊案	
		1 天	0.25%
		5 天	1.93%
		10 天	2.65%
		15 天	2.33%
		30 天	3.36%

2001年9月11日		紐約世貿雙塔 遭摧毀	
		1 天	−4.92%
		5 天	−11.60%
		10 天	−4.72%
		15 天	−1.94%
		30 天	1.10%

	平均 收復失土所需天數
1 天	0.09%
5 天	0.48%
10天	1.36%
15天	1.13%
30天	2.08%

資料來源：Global Financial Data公司，標準普爾500指數價格報酬。

以下例子不盡完善，但可參考：2005年，卡崔娜颶風（Katrina）摧毀了紐奧良大部分地區。颶風吹襲那天，也就是2005年8月29日，標準普爾500指數升0.6％，全球股市則持平。[138] 儘管風災造成停工及生意損失，2005年第四季美國GDP仍成長，美國及全球股市也上漲。[139]

為什麼股市無動於衷？我不知道確切原因。但全球股市肯定明白，雖然這是一場殘酷的大災難，對全球GDP不會有顯著影響，因為整個路易斯安那州僅占美國GDP 0.9％，或全

---

138 Thomson Reuters，標準普爾500指數總報酬，MSCI全球指數總報酬（計入淨股息）。

139 美國經濟分析局；股市資料來源同上。

球GDP的0.25％。在正常年分，GDP名義成長率（實質成長率加通膨率）約為5％，因此這種規模的災難，是不足以阻止全球經濟成長或股市上漲的。

紐奧良不是美國的主要經濟中心，不過二十世紀初的舊金山則肯定是。1906年4月18日的地震和火災將整個舊金山夷為平地。當時該市人口約41萬，高達30萬人失去家園，商業與金融區也全毀。舊金山人，包括我祖父及其未婚妻（也就是我祖母，他們因為此次災難被迫延遲一年結婚），在金門公園及市內其他空地搭起帳篷居住。同樣是一場殘酷的災難，但對股市的影響一樣微不足道。整個大城市遭摧毀，重建完成前基本上停止運作，但股市只是在4月小跌，5月及6月均上漲，全年表現良好。[140] 第二年股市大跌，但那主要是1907年的銀行業恐慌造成的，跟舊金山的生產力損失毫無關係。

恐怖攻擊可能對人造成極大影響，這正是恐怖分子的目的。他們是攻擊平民的懦夫。幸運的是，恐怖攻擊對市場的影響相對有限，最多也僅造成短暫影響。資本體制的力量太強了，恐怖主義懦夫根本阻擋不了。

---

140 Global Financial Data公司。

致謝

　　我很幸運，一直能做自己喜歡的工作（在資本市場中奮戰），而且能認真投入兩項嗜好：寫作和親近紅杉。在工餘時間或周末，在天黑到不方便在樹林裡遛達時，我喜歡坐在打字機前寫作（當然，我已經改用電腦很久了）。

　　這是我第七本著作，寫作時帶給我很多樂趣，而且寫得很輕鬆！編輯聽我這麼說，想必不太高興：「寫得很輕鬆」，那不就是沒有很努力嗎？這樣讀者豈不是得不到多少益處？不！這本書應該能令讀者大大獲益。我說「輕鬆」，是指書中所言，皆是我念茲在茲的一些教訓，而且能以簡短的篇幅說明。當中有許多教訓是我曾經寫過的，在各處以各種形式寫過——有些曾發表過，但也有許多未曾發表。有許多題目我曾寫成短文，供我的公司使用。有些我不曾寫過，但曾一再對客戶講過，在客戶研討會上或接受媒體訪問時說過。有一些內容較新，但仍是我常常思考或應用，或是建議其他人思考和應用的核心教訓。

　　我考慮過許多題材，但2010年似乎是闡述常見的投資迷思與謬論，以及示範如何「破謬」的極佳時機。對多數投資人來說，2008年險惡的空頭市場仍舊記憶猶新。空頭市場很

容易令人頭腦混亂，一如極端的多頭市場。空頭市場帶給許多投資人很大的心理考驗，會令人嘗試減輕短期的痛苦，可能是徹底改變投資策略——投資人或許因此暫時覺得好過些，但長期而言，這麼做可能不恰當。諷刺的是，到頭來這可能造成遠比現下更痛苦且嚴重的傷害，而這結果很久之後才會顯現，屆時想要挽救已經太遲（或幾乎太遲）。也有投資人會追隨多數人的做法，藉此尋求一種安全感；他們遵循某些「經驗法則」或「眾人皆知」的做法，結果可能從此惹上長久的大麻煩（如本書所述）。因此，我覺得寫一本書，直接駁斥那些令投資人無法得到理想的長期報酬的常見迷思與謬論，是特別有意義的事。

雖然我說這本書寫得「輕鬆」，但其實一點也不容易。我很幸運，能得到那麼多人支援。不是很多作者能獲得許多能幹的人支援：他們幫忙搜尋數據、確認事實，確保我的文字準確反映我的意思。他們令我的工作輕鬆多了（你看我又提這個詞了）。菈菈・霍夫曼斯再度暫停日常工作（替我公司的網站MarketMinder撰稿，並跟催我的公司跟John Wiley & Sons的出版合作事宜），幫我起草內容，處理我的修改，並協調研究部同事的工作，確保書中所言皆有根據，所有事實均正確。因此，我只需要做最有趣的部分：寫作。

此外，你很快就會發現，本書滿是數據與分析。這部分我必須感謝我的公司裡孜孜不倦的研究團隊。我們的研究總

監安德魯・托伊費爾（Andrew Teufel）極其幹練，還有他的兩位副手比爾・葛拉瑟（Bill Glaser）及麥克・漢森（Mike Hanson）。為本書提供分析的，還有奧斯汀・佛瑞塞（Austin Fraser）、阿喀許・帕托（Akash Patel）、查爾斯・提斯（Charles Thies）及傑瑞德・克里茲（Jarred Kritz）。

　　然後是那些圖表——幾乎每一章都有一張，甚至更多。這些數據全都得有人去找出來、查核，然後畫圖，並調整格式，然後還得一再覆審及調整。要做好這工作，必須注意細節，付出時間，以及非常、非常有耐心。領導這工作的是我的公司研究圖表製作團隊的主管麥特・許瑞德（Matt Schrader）及分析師潔西卡・沃爾夫（Jessica Wolfe）。潔西卡包辦了畫圖的大部分苦差，做事非常細心，整個過程中工作態度極佳——我衷心感謝她。此外，對此貢獻良多的還有布萊德・羅托洛（Brad Rotolo）、傑森・貝斯基（Jason Belsky）、安德魯・貝茨（Andrew Bates）、史考特・博特曼（Scott Botterman）、琳西・斯科帕爾（Lindsey Skopal）、湯姆・荷姆斯（Tom Holmes）及卡爾・旺斯托倫（Karl Wonstolen）。

　　並非所有圖表均是基於數據，有些是假想圖，出自我們公司的美術設計師蕾拉・阿米里（Leila Amiri），蕾拉還設計了本書（英文版）封面，我覺得看起來挺酷的，她擅長以富創意的方式表達抽象概念。協助設計封面（本書和我前幾本

著作，以及我的公司出版的投資理財書）的，還有公司的品牌經理莫莉·里納許（Molly Lienesch），她做事一絲不苟，是我認識的人中最了解消費者體驗的。或許馬可·哈柏曼（Marc Haberman）和她不相上下，他是公司的創新總監，也是推動我們討論書名和寫作概念的關鍵人物。一如既往，我們的網路大師費柏·奧納尼（Fab Ornani）及行銷總監湯米·羅米洛（Tommy Romero）幫助書的宣傳。

菈菈忙著做其他事，而幫她撰寫客戶通訊的同事為亞倫·安德森（Aaron Anderson）、伊莉莎白·安納森（Elizabeth Anathan）、傑森·多里爾（Jason Dorrier）、卡洛琳·馮（Carolyn Feng）以及陶德·布里曼（Todd Bliman）。協助菈菈查證事實、引用資料和審稿的是伊芙琳·恰（Evelyn Chea），她總是能抓到我們好笑的錯字。提供法律「審稿」服務（並且給我一些很好的編輯意見）的是佛瑞德·赫林（Fred Harring）、妮可·傑拉德（Nicole Gerrard）及湯姆·費謝爾（Tom Fishel）。

一定要感謝的，當然還有我的經紀人傑夫·赫曼（Jeff Herman）。我還必須感謝出版社John Wiley & Sons團隊：大衛·普伊（David Pugh）負責我在Wiley出版的頭三本書（我的第四至第六本著作）——2006年的《投資最重要的3個問題》、2008年的《10條路，賺很大！》以及2009年的《投資詐彈課》，它們全都上了紐約時報暢銷書榜，也登上《華爾

街日報》《商業周刊》《美國今日報》及許多其他較小型的暢銷書榜。這很大程度上是拜大衛及Wiley團隊的傑出表現所賜。蘿拉·沃爾許（Laura Walsh）後來接替大衛的工作，跟她合作是一件樂事。我還必須感謝凱莉·歐康納（Kelly O'Connor）及阿德瑞娜·強森（Adriana Johnson）以及Wiley的執行出版人喬安·歐尼爾（Joan O'Neil）。

感謝我的公司的高階經理人安德魯、史提夫·普雷特（Steve Triplett）及達米安·奧納尼（Damian Ornani），這三位是所有人都樂於與他們共事的人。他們對本書沒有直接貢獻，因為他們忙於公司日常管理工作，但他們的貢獻對公司的成功至關緊要；而如果我的公司不成功，我想可能沒有人想看我的書。我也很感謝副董事長傑夫·希克（Jeff Silk），他的內省和洞見造就了公司今天的成就。

最後，衷心感謝我太太雪洛琳。我寫書時，難免冷落了她。我周末寫書不去看紅杉，它們不會介意，但我希望雪洛琳總是很介意我顧著寫書不理她。撰寫本書是件很快樂的事，我希望你也看得很開心。

投資贏家系列 062

華爾街傳奇基金經理人肯恩‧費雪，教你破除 50 個投資迷思
Debunkery: Learn It, Do It, and Profit from It -- Seeing Through Wall Street's Money-Killing Myths

作　　　者	肯恩‧費雪（Ken Fisher）、菈菈‧霍夫曼斯（Lara Hoffmans）
譯　　　者	許瑞宋
編　　　輯	李韻、許訓彰
校　　　對	李雁文、許訓彰
總 編 輯	許訓彰
行銷經理	胡弘一
企畫主任	朱安棋
行銷企畫	林律涵
封面設計	萬勝安
內文排版	家思編輯排版工作室

出 版 者	今周刊出版社股份有限公司
發 行 人	梁永煌
社　　　長	謝春滿

地　　　址	台北市中山區南京東路一段96號8樓
電　　　話	886-2-2581-6196
傳　　　真	886-2-2531-6438
讀者專線	886-2-2581-6196轉1
劃撥帳號	19865054
戶　　　名	今周刊出版社股份有限公司
網　　　址	http://www.businesstoday.com.tw

總 經 銷	大和書報股份有限公司
製版印刷	緯峰印刷股份有限公司
初版一刷	2022年11月
初版三刷	2023年2月
定　　　價	420元

國家圖書館出版品預行編目（CIP）資料

華爾街傳奇基金經理人肯恩‧費雪，教你破除 50 個投資迷思 / 肯恩‧
費雪（Ken Fisher），菈菈‧霍夫曼斯（Lara Hoffmans）作；許瑞宋
譯. -- 初版. -- 臺北市：今周刊出版社股份有限公司, 2022.11
　　面；　　公分. --（投資贏家系列；62）
譯自：Debunkery : learn it, do it, and profit from it-- seeing through
　　　 Wall Street's money-killing myths
ISBN　978-626-7014-68-4（平裝）
1. CST: 個人理財　2. CST: 投資　3. CST: 投資管理

563.5　　　　　　　　　　　　　　　　　　　　　　　111012658